中小学英语教学研究与现代教育技术

谢全胜　刘丽明 ◎ 著

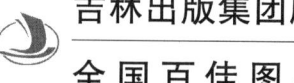
吉林出版集团股份有限公司
全国百佳图书出版单位

图书在版编目（CIP）数据

中小学英语教学研究与现代教育技术 / 谢全胜，刘丽明著. -- 长春：吉林出版集团股份有限公司，2022.5
ISBN 978-7-5731-1508-9

Ⅰ．①中… Ⅱ．①谢… ②刘… Ⅲ．①英语课－教学研究－中小学 Ⅳ．①G633.412

中国版本图书馆CIP数据核字 (2022) 第070165号

ZHONGXIAOXUE YINGYU JIAOXUE YANJIU YU XIANDAI JIAOYU JISHU

中小学英语教学研究与现代教育技术

著　　者	谢全胜　刘丽明
责任编辑	田　璐
装帧设计	朱秋丽
出　　版	吉林出版集团股份有限公司
发　　行	吉林出版集团青少年书刊发行有限公司
地　　址	吉林省长春市福祉大路 5788 号
电　　话	0431-81629808
印　　刷	北京昌联印刷有限公司
版　　次	2022 年 5 月第 1 版
印　　次	2022 年 5 月第 1 次印刷
开　　本	787 mm×1092 mm　　1/16
印　　张	11.25
字　　数	219 千字
书　　号	ISBN 978-7-5731-1508-9
定　　价	58.00元

前　言

　　随着社会科学技术的不断发展，智能信息技术被广泛应用到日常生活中，尤其在教育领域，现代教育技术广泛引入，使中小学英语教学进入新的阶段。现代教育技术的应用为中小学生提供了更多的语言实践机会，有效地提升了中小学生的英语口语交际能力，活跃了中小学英语课堂教学氛围，推动了中小学英语教育事业的积极发展。将现代教育技术应用到中小学英语课堂教学中，不仅可以激发学生学习英语的兴趣，还能培养学生的自主学习能力，这对提高中小学英语课堂教学效率具有重要作用。

　　在英语教学实践中，笔者发现，小学六年级的学生已经开始"两极分化"，而七年级学生英语水平的"两极分化"现象更严重。大部分城镇学校的英语教师比较专业，学校把英语视为主科，再加上一些学生很早就参加了校外英语兴趣班，这些学校的学生普遍拥有良好的英语基础，学起来自然更加容易。而农村某些地区的学校条件比较落后，甚至缺少专业的英语教师，因此只能将英语课的开设延迟到四年级。加之没有英语学习环境，农村学校的英语教学现状令人担忧。一些英语基础不佳的学生进入七年级后，开始全方位地接受英语听、说、读、写技能的培训，被要求在短时间内实现"无缝对接"，适应中学英语教学的内容和强度，这对他们来说是有很大困难的。而教师为了照顾落后的学生，会放慢教学进度，导致基础好的学生无法得到较大的提升。

　　总之，在英语教学中，我们要重视小学与初中英语教学之间的有效衔接，促进教与学的和谐发展，避免过早出现"两极分化"现象，提高学生的英语综合能力。要做好小学英语教学与初中英语教学的平稳过渡和无缝对接，帮助学生快速适应初中英语教学，需要英语教师在平时的教学实践中多动脑筋，不断思考，以学生的终身发展为目的，不断提升学生的英语学科核心素养。

目 录

第一章　现代教育的概念

第一节　创造科学的现代教育概念的重要性

在日常生活中，在师范院校讲台上，在教育书刊里，我们经常见到"现代教育"这个词。如果要问这个词的确切含义，或现代教育究竟是什么，不同的人可能会有不同的回答，甚至有人无言可答。教育理论工作者不能对这种状况漠然处之，必须为确立科学的现代教育概念而努力探讨。我们不必抠字眼、搞考据，但必须弄清现代教育的基本含义、基本特征和基本规律。

我们应该充分认识创造科学的现代教育概念的重要性。

第一，现代教育不仅仅是我们为之奋斗的方向，它早已是我们的教育现实。我们不能对自己将要从事甚至正在从事的工作，处于无意识、不自觉甚至盲人瞎马的状态。我们必须懂得这是怎样的一件事，必须懂得这件事的情形，必须心中有数。

第二，中国教育工作者的历史任务，就是为建立中国特色社会主义现代教育体系而奋斗。这是一项宏伟的事业，也是极其艰巨复杂的事业，不同于以往时代的教育事业，正如我们后面将要详细讨论到的，它是一项以发展形势极其多样、变化极其急剧为特征的事业，没有宏观视野，没有理论指导，仅凭某些书本结论、朴素经验甚至"长官意志"，是绝对不行的。自20世纪初开始引进西方现代教育和教学制度以来，这方面的历史经验教训是很深刻的。教育现代化的进程步履蹒跚，曲折反复，经常陷于盲目性、自发性，尤其摇摆于这种片面性和那种片面性的恶性循环怪圈之中。原因固然复杂，但缺乏理论，对于现代教育缺乏基本的概念，应是一个切近的原因。尤其是中华人民共和国成立以后未能充分发挥本来具有的马克思主义指导的优势，未能认真学习、充分领会和运用马克思主义关于现代教育的基本理论，来指导社会主义现代教育体系的构建，出现了一些失误，付出了不少的代价。这个历史教训必须认真吸取。一切从事中国社会主义教育现代化事业的同志，必须建立起现代教育的基本概念。

第三，在我们构建中国特色社会主义现代教育体系的实践基础上，我们也将构建社会主义现代教育的科学理论体系。伟大的实践产生伟大的理论，伟大的理论指导伟大的实践。这是时代的呼唤，也是客观的规律。而要构建现代教育科学理论体系，首先必须探讨它的基本概念。现代教育基本概念，是现代教育的本质、基本特征和基本规律的概括和集中反映，是现代教育理论的核心，是现代教育理论的基本范畴和理论体系的逻辑起点。现代教育理论各方面的内容，都是现代教育基本概念的具体化、深化、展开和充实。因此创造科学的现代教育概念乃是建设现代教育科学理论体系的基石。创造现代教育的基本概念，意味着对现代教育发展的基本规律，有了总体的把握。一切具体的研究就能与总体把握结合起来，并以它为一般指导线索。创造现代教育的基本概念，就是坚守马克思主义教育基本理论阵地。国内外关于现代教育的理论研究，成果累累，既提供了极其丰富的思想资料，也出现了许多争议，还提出了许多促人思考和令人困惑的问题。这一切，都需要我们认真地进行研究，从理论上做出回答、分析、总结、概括，把马克思主义教育基本理论加以发展，推向前进。

第二节　现代教育观与教学观

教育理论是对教育实践的概括和总结，是教育实践的升华。它来源于丰富的教育实践，反过来又指导教育实践的进程。从这个意义上来说，现代教育理论和传统教育理论，在本质上是没有区别的，它们都是对当时教育实践的抽象概括和理论总结，是教育实践经验的结晶。可实际上，由于教育实践的社会背景不同，社会对教育的要求不同，现代教育理论和传统教育理论还是有很大区别的。这种区别反映在思想观念、抽象程度、实践水平等不同的层面上。

一、教育观

教育观，是人们对教育的根本看法，是人们对诸如教育是什么、教育的目的是什么、教育的作用有哪些、教育的根本属性是什么等问题的看法。在教育观上，现代教育和传统教育在很多方面是一致的，因为现代教育和传统教育都是人类的教育实践活动，现代教育是从传统教育发展而来的。但是，由于现代社会生产力和政治经济制度的发展变化，现代教育观更明确、更科学、更合理、更进步、更符合时代发展的要求。

（一）教育本质观

教育本质观即对"教育是什么""教育到底是什么""教育本质上是什么"或者"什

么是'真正的'教育"等问题的回答。对这个问题的不同回答，充分反映了传统教育和现代教育不同的教育观。教育的本质是什么？传统教育一方面认为，教育就是把人头脑中已有的知识、观念和思想引发出来，主张"内发"；另一方面又认为，教育就是把外在的知识、观念和道德等灌输给儿童，主张"外铄"。因此，一方面，苏格拉底要求教师成为"知识的产婆"或"精神助产师"，孟子说"学问之道无他，求其放心而已矣"。另一方面，韩愈要求教师成为"传道、授业、解惑"的人，夸美纽斯主张"把一切知识教给一切人"。可以看出，传统教育囿于对教育的简单和片面认识，仅仅从不同的侧面、在一定程度上揭示了教育的本质。

经过多年的研究和讨论，现代教育一般认为，教育是一种培养人的社会活动。这种教育本质观，把教育同其他社会活动从根本上区别开来，使我们对教育本质的认识，更加深入了一步。

教育是一种培养人的社会活动。这种教育本质观，有助于我们进一步明确教育的根本目的。教育活动的根本目的是培养人。培养人是教育活动的出发点，也是教育活动的最终归宿。整个教育活动过程，都是围绕培养人这个中心来安排的。离开了培养人这个根本目的，就不成其为教育活动了。

教育是一种培养人的社会活动。这种教育本质观，有助于我们全面理解教育的任务和作用。作为一种培养人的社会活动，教育的任务不仅仅是传授知识，而是要从"人"出发，全面育人，因为人是一个整体，人的成长和发展，不仅仅是知识的丰富。人的发展，包括智力、能力、心理、身体、道德品质等多个方面，教育必须是全面的、和谐的。作为一种培养人的社会活动，教育的主要作用也是通过培养人来实现的。教育从它一诞生起，就具有两大作用，一是促进人的发展，二是促进社会的进步。由于社会是由人组成的，而人又是社会的人。因此，教育的两大作用，其实都是通过培养人来实现的。

总之，教育是一种培养人的社会活动。这种教育本质观，是对教育的高度抽象和概括。"培养人"阐明了教育的根本任务，"社会活动"阐明了教育的根本属性。不同时代、不同社会的教育，尽管它们的目的、制度、内容、手段、程度和水平各不相同，但都是在"培养人"，都是一种"社会活动"。

（二）教育作用观

教育作用观是人们关于教育作用的看法。自古以来，人们就看到了教育的两大作用，即促进人的发展和促进社会的进步。

今天，人们对教育作用的认识更加明确、更加具体。现代教育作用观的进步性表现在：第一，明确了教育在促进个人发展和促进社会进步之间的辩证关系。教育正是通过培养一定社会所需要的人，来为一定的社会政治、经济和文化服务。第二，明确了教育在促进个人发展过程中的全面作用。教育不仅仅是传授知识，也不仅仅是发展智力，而是全面促进人的身心发展，促进人的品德、智力、体质、心理的全面发展。第三，明确了教育在促进社会进步中的全面作用。教育不仅是为社会的政治服务，也是为社会的经济、文化、科学技术等各个方面服务，教育是促进社会发展和进步的基本力量。第四，明确了教育作用的有限性。无论是在促进人的发展方面，还是在促进社会进步方面，教育的作用都是有限的，不是万能的。教育是影响人发展的主导因素，教育的作用必须在先天遗传素质的基础上，通过个人的主观努力才能实现。没有个人的主观努力，无论多好的教育，都不能发挥它应有的作用。教育是推动社会进步的重要力量，是生产力发展和科学技术进步的重要力量，教育作用的发挥要受制于社会的政治经济和科技生产力发展水平，教育不能从根本上改变社会制度。

（三）教育价值观

教育价值观是人们对教育价值的基本看法。所谓价值，"表示物的对人有用或使人愉快等的属性"。教育价值，就是教育对个人和社会的作用或功能。因此，教育价值观，就是人们对教育价值的主观判断。长期以来，由于人们的政治立场和经济地位对教育价值的判断和追求有了很大的差异，围绕教育到底是满足社会发展需要还是满足个人发展需要，形成了"社会本位"和"个人本位"、"国家中心价值观"和"个人中心价值观"两种对立的教育价值观，为到底是进行"人力的教育"还是进行"人的教育"争论不休。今天，人们对教育的价值有了比较科学的看法，不再是简单地进行非此即彼、片面极端的判断，不再单纯追求教育的一种或几种价值，而是努力实现教育的全部价值，既考虑教育促进社会进步的价值，也考虑教育促进个人发展的价值。

（四）教育地位观

教育地位观即人们关于教育在社会中所处地位的看法。作为一种培养人的社会活动，教育和其他社会活动的关系如何，它在整个社会中处于什么样的地位，人们的看法不尽相同。从把教育看作单纯的福利、服务和消费，到把教育看作是国家和社会发展的战略重点，人们对现代教育地位的认识越来越清楚。教育是国民经济和社会发展的战略重点，已经成为全世界的共识。现代教育地位观，不再把教育看作是少数人的事情，不再把教育看作是装饰身份的事情，不再把教育看作是有钱人对穷人的恩赐和施舍，不再把教育看作是单纯的花钱和消费的事情。现代教育认为，教育是立国之本，"百年大计，教育为本"，一个国家、一个民族，要想在世界民族之林中占有一席之地，必须重视教育；国际的竞争，无论是政治的竞争、文化的竞争、经济的竞争、军事的竞争，还是综合国力的竞争，归根到底是人才的竞争和教育的竞争。

（五）大教育观

传统的教育观，是一种小教育观，把教育仅仅局限于学校，局限于人的前半生。一提到教育，就指的是学校教育；一提到教育，就认为是前半生的事情。现代教育则是一种大教育观、终身教育观。现代教育走出了"两耳不闻窗外事，一心只读圣贤书"的狭小校园，它面向广阔的社会，开门办学，把学校教育、家庭教育和社会教育有机地融合在一起。现代教育突破了前半生的束缚，重新认识了"活到老学到老"的古训，赋予了终身学习、终身教育的新义，把人生与教育密切结合起来。

二、教学观

现代教育理论相对于传统教育理论来说，在教学观上有了很大进步，取得了很多突破。

（一）教学目的观

传统教育认为，教学的目的，就在于使学生掌握知识。现代教育认为，教学的目的，不仅在于使学生掌握各种各样的知识，还要使学生在身心各方面都得到发展。同时，现代教学目的观力求摆脱传统教育对教学目的的笼统认识，把抽象和不可捉摸的教学目的，变为具体、实在和具有可操作性的教学目的。正是在这种教学目的观的指导下，有了布鲁姆、加涅和奥苏贝尔等人关于教学目标的不同分类。现代教育力求从多种角度、在多种层次上对教学目标进行把握，使教学目标对教学活动具有更强的指导作用。

（二）教学任务观

教学任务与教学目的紧密联系，一定的教学任务就是为了完成一定的教学目的。因此，传统教育认为，教学的基本任务就是向学生传授知识。现代教育则认为，教学的任务不仅仅是向学生传授知识，更重要的是要发展学生的智力，培养学生的各种能力，提高学生的思想境界和道德水平。现代教育认为，教学是实现全面发展教育的主要途径，教学必须完成德、智、体、美、劳全面发展的教育任务。

（三）教学内容观

教学内容观是人们对教学应该教什么，即用什么来武装学生的头脑等问题的基本看法。不同的教学内容观，影响着教学内容的选择和确定，影响着教学内容的编排和组织。古代教学，其内容是"四书五经"或"七艺"，主要是关于怎样统治人民的"统治术"。传统教学强调的是知识，尤其是理论知识的学习，主张以"学科"为中心，来编排和组织教学内容。现代教育强调：教学内容的选择确定和组织编排，要充分考虑个人发展和社会进步的需要，要充分考虑直接经验（亲自活动、亲身体验）和间接经验（书本知识）的相互协调，要充分考虑分科课程与综合课程的相互协调。

（四）教学方法观

尽管早在春秋战国时代，孔子就提出了因材施教的原则，《学记》中就提出了问答法和讨论法等教学方法，但是总的来说，古代教育不重视对教学方法的研究，尤其是不重视"学法"的研究，除了强调学生死记硬背之外，没有其他方法。现代教育不但重视对教学方法的研究，还特别注重研究学生的"学法"和对学生学法的指导，注重研究教法与学法之间的辩证关系，并在此基础上提出了一系列具体的教学方法。

（五）教学组织形式观

古代教学的组织形式主要是个别教学，近代教学的主要组织形式是班级授课制。但是，它们都不重视对教学组织形式的探索和研究，没有把教学组织形式作为影响教学效果的重要因素来加以认真考虑。现代教育注重研究教学的组织形式，注重考查教学组织形式对教学效果的影响，力求在对个别教学和班级授课制的优缺点进行详细分析的基础上，探索出适合现代社会生活和学生身心发展情况的、多种多样的教学组织形式。

（六）教学质量观

教学质量观是对教学效果、教学水平和教学质量的基本看法。古代教育由于教学目的、任务的单一化，教学质量观也简单化了，只管结果、只看分数。现代教育由于教学目的、任务的多元化和丰富化，教学质量观也日趋科学合理：不但追求教学的结果，而且追求教学的过程，甚至在某些情况下不看结果只看过程，认为过程比结果更重要。同时，考试和分数不再是唯一的评价手段，而是从多种角度、多种层次对教学效果进行评判。

（七）教学手段观

现代教育强调对教学手段的研究和运用，认为教学手段是促进教学质量提高的重要因素。现代教育要求我们不要满足和停留在"一张黑板、一支粉笔"的基础上，而是积极地开发和应用现代教育技术手段，把最先进的科学技术手段应用到教学活动中来，最大限度地发挥教学的作用，培养出适应现代社会发展需要的新一代。

第三节　现代教育功能

教育功能，是指教育所能发挥的作用。功能、作用、意义、价值，这些概念具有相似的含义，我们这里暂且不做详细的辨析。考察教育的功能，对于认识教育的本质、地位和作用，具有非常重要的意义。

概括地说，现代教育具有两大功能，一是教育促进社会发展的功能，二是教育促进人的发展的功能。从根本上说，二者是统一的。

一、现代教育的社会功能

（一）教育的社会功能概述

教育的社会功能，顾名思义，就是教育对社会所能发挥的作用，也就是教育对社会所具有的价值，或者说是教育对社会发展的意义。

教育的社会功能，既表现为教育对整个社会发展所起的作用，也表现为教育对社会各个要素、各个部分所起的作用。教育不但推动着整个人类社会的向前发展，而且推动着社会各个要素、各个部分诸如政治、经济、文化等方面的发展。教育是社会发展的基本动力之一。

（二）现代教育的经济功能

教育与经济，作为社会的两大平行并列的子系统，有着非常密切的联系。一方面，经济是教育发展的前提和基础，是教育发展的基本条件，经济发展制约和决定着教育事业的发展；另一方面，教育是推动经济发展的主要力量，教育是提高社会劳动效率的重要途径和手段。从人类社会发展的历史来看，教育与经济的这种相互联系、相互影响、相互作用、相互制约的关系越来越密切。

1.教育对经济的依赖

（1）教育的产生与发展，取决于社会经济发展的需要

首先，教育起源于人类社会生产和社会生活的需要。原始社会初期，人类为了自身的生存、发展和延续，必须把上一代在生产劳动和社会生活中积累下来的知识、经验、技能、技巧传授给下一代，于是教育便应运而生了。其次，学校教育的诞生是生产力发展的需要。原始社会末期，经过几百万年的发展，劳动工具不断改进，社会生产力水平有了很大提高，打猎和采集的食品吃不完而有了剩余，随之出现了剩余产品的私人占有，

出现了阶级和国家。国家统治需要大量官吏来维持，学校教育便应运而生了。

（2）经济发展为教育发展提供必要条件

教育首先是作为一个消费性事业出现的。办教育是需要社会财富的，没有一定的社会财力，就没有教育事业的产生和发展。学校教育的产生，具体而形象地说明了这一点。没有社会生产力的发展和进步，就不会出现剩余产品，就不能使一部分人脱离直接的生产劳动而去从事文化教育活动，教师和学生就不可能出现。正是因为社会能养活得起一批所谓的"闲人"，才有了学校教育。早在春秋战国时代，孔子就看到了"庶富教"的关系。现代教育的进步和发展，也充分说明了这一点。现代社会教育普及程度的提高、普及年限的延长，义务教育免费程度的提高，始终都是和经济实力密切联系的。发达国家正是凭借其强大的经济实力，大力发展教育事业，培养大批高质量的人才，在国际竞争中处于优势。另外，办学条件的改善、教学手段的更新，都需要一定的经济条件做保障。

（3）经济发展为教育提出种种具体的要求

经济发展使社会生产生活方式不断发生变化，也对教育提出了种种具体的要求。首先，经济发展对教育所培养的人才规格提出了要求。18世纪末期的工业革命，要求有文化、懂技术的产业工人，推动了初等教育的普及；19世纪末期的电力革命，要求工人的文化水平更高，不再是有一点简单的读写算的技能，推动了中等教育的普及和中等教育与初等教育的上下衔接；20世纪以来，以原子能、计算机为标志的新技术革命，要求教育培养出具有丰富知识、多种能力、高尚道德和团结协作精神的人才，于是，普及义务教育的年限不断延长，高等教育的规模不断增大。其次，社会经济的发展，对教育的规模、速度和水平提出了新要求。再次，经济结构调整需要教育结构相适应。最后，经济发展对教育内容、形式、方法和手段也提出了要求。

2.教育的经济功能

教育的经济功能，概言之，就是教育对社会经济的反作用。

（1）人类对教育经济功能的认识历程

教育的经济功能，自古以来就为人们所认识。我国春秋时代的《墨子》一书中就说过"教人耕者，其功多""教天下以义者，功亦多"。古希腊的柏拉图也曾指出："在生产工艺中有两个部分，其中之一与知识关系更为密切。"英国古典经济学家把人的经验和能力看作生产因素和财富内容。马克思指出，用于劳动者身上的教育训练费用是一种用于再生产的费用。列宁指出，提高劳动者的文化水平和思想水平是改善人力进而提高劳动生产率的首要内容。1924年，苏联斯特鲁米林发表的《国民教育的经济意义》，标志着教育经济学的诞生。从此以后，人们开始运用统计方法和数量语言来阐述教育的经济意义。可以看出，对于教育的经济功能，人类的认识经历了一个从简单定性到简单定量、再到定性分析与定量研究相结合、一直到形成专门学科——教育经济学的过程。

（2）现代教育经济功能的表现

教育的经济功能，是随着社会的发展不断丰富和强大起来的。现代教育的经济功能主要表现在：通过劳动力的生产和再生产，不断推动着社会生产力的进步，促进着社会经济的发展。所谓劳动力的生产，是指自然人由潜在的、可能的、未来的劳动力，转变为现实的劳动力。所谓劳动力的再生产，是指现实的劳动力由低级劳动力、简单劳动力，转变为高级劳动力、复杂劳动力。

教育是劳动力生产和再生产的最主要的手段。在劳动力的培养过程中，现代教育的功能主要是：①提高劳动者的科学知识素养和劳动技能素养，提高劳动者对生产过程的理解程度，从而提高劳动者的劳动效率。②提高劳动者的道德素养尤其是职业道德素养，从而调动劳动者积极的劳动态度和精神状态。③培养劳动者的学习能力，从而提高劳动者适应新环境和学习新技术的能力。④提高劳动者的创造精神与创新能力。

3. 充分发挥教育的经济功能

现代社会，教育的经济功能越来越凸显。充分发挥教育的经济功能，已成为发展教育事业的主要目的。

（1）认真研究和学习教育经济理论，提高对教育经济功能的认识

虽然说教育的经济功能自古就被人们所认识，教育经济学的研究开展得如火如荼，然而，对教育经济功能的认识还存在许多误区，许多问题还不甚明晰。如教育到底是不是产业，教育尤其是中小学教育到底能否产业化，教育投资的经济效益到底有多大，教育投资的比例到底应该是多少，等等。要充分发挥现代教育的经济功能，就必须认真学习和研究现代教育经济理论，学习马克思主义关于教育和经济的有关论述，明确社会主义初级阶段的经济运行规律和教育运行规律，明确当代社会生活对教育的要求，找准新时期教育和经济的恰当结合点，才能从根本上解决这些疑问。对教育经济功能的认识，不能仅停留在简单的决定和被决定、作用和反作用的理性思辨上，而是要深入内部，深化到具体，量化教育的经济价值。

（2）加强教育投资，充分发挥教育投资的经济效益

教育投资是投入教育领域的人力、物力的货币表现。教育投资的最终来源是国民收入。教育投资的来源具体可分为国家投资、企业投资和个人投资。加强教育投资，必须从国家、企业和个人三方面同时入手。

以往，我国的教育投资由国家全包。但由于国家的财力有限、教育投资不足，致使教育事业的发展捉襟见肘。现在，国家调整和改革教育投资体制，充分调动企业和个人投资教育的积极性，发挥了企业和个人教育投资的潜力。一个全民办教育的崭新局面正在形成。但是，这并不是说国家可以松一口气了。国家必须继续加大教育投资的力度，"两个增长"必须保证，各级政府必须在这方面下大功夫。我国教育投入不足，主要还是各级政府在教育方面的财政投资不足。我国现在仍然处于社会主义初级阶段，国家仍然是教育投资的主渠道。

近年来，企业和个人的教育投资比例有所加大。但有些现象值得我们警惕，一是个人负担过重，尤其是边远经济落后地区家长的负担过重。二是有些企业投资的动机不纯，不是为了促进教育事业的发展，而是淘金，教育在有些人眼里成了赚钱的工具，中小学教育成了暴利行业。

（3）培养各种经济类型的人才，为经济发展服务

要充分发挥现代教育的经济功能，就必须培养出适应现代经济发展需要的、各级各类经济专业人才和"有文化、懂技术、业务熟练的劳动者"。

（三）现代教育的政治功能

教育和政治始终是密切联系的。一方面，社会政治决定教育的发展；另一方面，教育始终是维护政治稳定和促进政治变革的重要力量。认为教育可以脱离政治而单独存在，提倡"教育独立"的主张，是非常幼稚的。

1. 教育受制于社会政治

政治对教育的制约作用表现在：

（1）政治制约教育的性质和服务方向

这是政治对教育制约作用的集中表现。不同的政治背景，教育的性质和服务方向各不相同。人类已经历了五种不同形态的社会，存在过五种不同性质的政治制度，相应地也存在过五种不同性质的教育。奴隶社会的教育，是为奴隶主阶级服务的；封建社会的教育，是为封建地主阶级服务的；资本主义的教育，是为资产阶级服务的；社会主义的教育，是为无产阶级和广大劳动人民服务的。

（2）政治制约着教育的领导权

统治阶级总是牢牢地把握着教育的领导权，按照自己的意志办教育，以此来保证教育的性质和服务方向，让教育为自己的阶级谋利益。统治阶级控制教育领导权的手段很多：一是通过组织手段和某种体制直接对教育机构行使领导职能；二是任免教育机构的领导者和教育者；三是颁布与教育有关的各种方针、政策；四是颁布与教育有关的各种

法律法规；五是对各种教育资源进行配置。

（3）政治制约着教育目的

所谓教育目的，是培养人才的总规格。不同的政治制度，对人才的要求不同。统治阶级总是希望和要求教育培养出符合自己需要的人来。统治阶级通过制定和颁布教育方针来规定教育目的，一方面培养自己的接班人；另一方面培养为之服务的驯服的劳动者。

（4）政治制约着受教育的权利和机会

一个国家，谁有权接受教育，受多大程度的教育，是由政治制度决定的，是统治阶级说了算的。奴隶社会，教育完全垄断在奴隶主阶级手中，广大奴隶被当作"会说话的牲口"，完全丧失了人身自由，根本没有受教育的权利和机会。封建社会，农民有了一定的人身自由，但接受学校教育的机会很少，基本上是在自己阶级内部接受劳动教育；学校教育基本上垄断在地主阶级手中，即使在地主阶级内部，教育的等级性也是非常森严的，只有大地主的子弟才能受到良好的教育。资本主义社会，随着政治民主化程度的提高，教育民主化和"教育机会均等"的观念深入人心。资产阶级在培养自己接班人的同时，从维护和巩固自己的统治地位出发，也尽力为工人阶级提供良好的教育。

（5）政治制约着思想品德教育的内容

统治阶级总是要求教育传授自己的思想观念和行为方式，一方面培养自己的接班人，另一方面培养驯服的劳动者。我们是社会主义国家，要求用无产阶级的世界观和共产主义的道德品质培养下一代。

2. 教育的政治功能

学校教育从产生的那天起，它的政治功能就十分突出。《学记》总结："是故古之王者建国君民，教学为先。"近代资本主义社会的建立，教育的政治功能不但没有减弱或消失，反而得到了强化。现代教育是维护政治稳定和促进政治变革的主要力量，现代教育的政治功能表现在：

（1）政治社会化

政治社会化，是传播一定的政治观点、意识形态和法律规范，使受教育者达到政治社会化，提高社会成员参与政治活动的积极性和成熟性，从而扩大政治基础，维护政治稳定。

所谓政治社会化，是指个体逐渐学会现有政治体系所倡导和认可的政治规范和政治行为方式的过程。教育是个体政治社会化的重要途径和手段。教育的一个非常重要的任务，就是传播统治阶级的意识形态、思想观念、政治观点、伦理规范、法律法规等，使受教育者成为统治阶级所需要的人，按统治阶级的意志办事，不反抗统治阶级的统治。

（2）培养统治阶级所需要的政治人才，维护政治稳定

教育通过培养统治阶级所需要的政治人才和其他专门人才，提高统治阶级的文化素质，使统治阶级的统治和管理趋于科学化、合理化，从而维护统治阶级的统治地位，使统治阶级的统治更加稳定。

（3）制造和传播统治阶级所倡导的社会舆论，维护社会政治稳定

《学记》说："化民成俗，其必由学。"也就是说，教化人民，形成良好的社会道德风尚，一定要通过教育。今天，我们也可以说，社会主义精神文明建设，必须通过教育。教育是社会主义精神文明建设的主要手段。

（4）产生进步的政治观念，促进社会的发展与变革

往往，当统治阶级的政治制度不适应生产力发展要求的时候，教育系统会产生新的、进步的政治观念，并且利用自身的优势很快地传播这些观念。教育系统中新的政治观念的产生和传播，不但有利于促进统治阶级改变其政治统治，还会带来新的革命，甚至推翻统治阶级的反动统治。

（四）现代教育的文化功能

文化是人类所创造的物质和精神财富的总和。教育的文化功能可以简单概括为：教育是文化发展的重要手段。所谓文化发展，就是文化的保存和传递、传播和交流、选择和整理、创造和更新。

1. 教育是文化保存和传递的重要手段

文化的保存和传递，也就是文化的传承或世代相接，是文化在时间维度上的发展。每一个时代，都有继承前一时代文化的任务，同时也要想方设法地保存自己时代的文化，并尽可能地使之留传给下一代。教育从它产生的那一刻起，就担负着文化传承的任务，正是由于教育，人类的文化才代代相传、生生不息。

一切文化都寓于一定的载体之中。文化的载体有三种：一是物质载体，如工具、建筑等；二是精神载体，如语言、文字、音像等；三是人的载体，即个人拥有的知识、道德等。寓于物质和精神载体的文化被称为客体文化，寓于人自身的文化被称为主体文化。教育过程就是一个不断把客体文化转化为主体文化，又把主体文化转化为客体文化的过程。社会文化正是在这个过程中得到保存和传递的。

2. 教育是文化传播和交流的重要手段

文化的传播和交流，是文化从一个区域到另一个区域的扩散和流动，是文化在空间维度上的发展。文化的传播主要是优势文化向周围的扩散，如汉唐文化向周边的传播；文化的交流主要是几种文化之间的相互借鉴。当然，文化现象是非常复杂的，文化的传

播和交流不容易分得那么清楚。

文化传播和交流的途径很多，如人口迁徙、经商贸易、战争、旅游、访问、体育竞赛、文艺演出、留学、学术交流、音乐电影、通信联系、饮食、日用品，等等。教育是文化传播和交流的重要途径或主要途径。这是因为：①教育传播和交流的文化具有深刻性；②教育传播和交流的文化具有高选择性；③教育传播和交流的文化具有系统性。

教育不但是文化传播和交流的重要手段，而且是文化传播和交流的前提与动力。教育可以形成一种文化传播的心理动力，即人们认识不同文化的浓厚兴趣和强烈愿望。正是这种心理动力促进了文化的交流和传播。一般来说，人们的文化水平、文化视野与了解不同文化的愿望成高度的正相关。

3. 教育是文化选择与整理的主要手段

文化的选择与整理，是文化的去粗取精或去芜存精，是文化在内容上的择优汰劣和结构上的优化组合。文化的选择和整理是文化发展的基本方面。教育是文化选择和整理的主要手段，因为教育所选择的是具有一定社会价值的文化，教育所选择的是具有一定育人价值的文化。

在文化的选择和整理过程中，教育的功能表现在：

（1）定向功能

①被教育所选择的文化，是社会的规范和稳定的文化；②教育过程也是文化整理的过程，它使文化系统化和条理化；③运用经过教育选择和整理了的文化所培养的人，在进行文化活动时也会用同样的价值观和方法去选择和整理文化。

（2）扩大文化选择区

所谓文化选择区，是指文化的流动和变通的部分。概括地说，文化由两部分组成，一是稳态的核心，二是流动和变通的边缘。文化的边缘由文化的选择部分组成，是文化的生长点，是文化发生变迁的重要部分。教育过程中，不同的教师对同一教材可以有不同的讲解，可以提出自己独特的见解和观点，从而扩大文化的选择区，对社会文化的选择和整理产生重大影响。

（3）提高主体的选择能力

文化的选择和整理是一种较强的主观性活动。教育过程是文化的选择和整理过程，也是一种主观活动过程。在这一过程中，学生不但学习和接受经过选择和整理了的文化科学知识，而且接受了与之相联系的价值观念，学会了如何选择和整理文化。

4. 教育是文化创造与更新的主要手段

文化的保存和传递、传播与交流、选择与整理，更多的是建立在原有文化或已有文化的基础上。但是，没有文化的创造与更新，文化就失去了活力，就变成了一潭死水。文化只有不断地创造和更新，才能得到真正的发展。而教育，正是文化创造与更新的主要手段。

（1）现代教育能为文化的不断创造和更新提供大量的、具有创新能力的人才。文化是人创造的，没有具有创造活力的人才，就没有人类文化的创新和发展。

（2）现代教育对作为教育内容的文化素材，能根据其特点进行加工塑造。

（3）现代教育教学和科研并重，而科研是文化创造和更新的主要手段。

（4）现代教育具有吸纳、融合世界先进文化的功能。

二、现代教育的育人功能

（一）人的发展

1. 概念

人的发展，是指人从出生到死亡在身心两方面所发生的规律性变化。简单地说，人的发展，就是人的成长发育，是人的身心随着时间推移而发生的变化。

人的发展变化，从时间上来说，贯穿人的一生；从范围方面来说，包括生理和心理、肉体和灵魂、身体和精神两个方面；从特点方面来说，是有规律的；从性质上来说，是前进的、进步的、向上的。所以，偶尔的、病理性的变化，我们不称其为发展。

2. 人的身心发展规律

人的身心发展是有规律的。教育必须按照儿童的身心发展规律来进行。

（1）人的身心发展的统一性

人的身心发展的统一性，即人的身体的成长壮大和心理的成熟丰富是统一的，是紧密联系和相互协调的。身与心、肉与灵、物质与精神是一个统一的整体。一方面，人的身体的成长是心理成熟的前提和基础。没有大脑物质重量的增加和解剖结构的改变，就没有大脑机能即意识的提高。没有性器官的发育成熟，就没有性心理和性情感的发生；另一方面，心理的成熟又促进身体的发展。随着心理的成熟，人们懂得了如何爱护身体、如何锻炼身体。

（2）人的身心发展的不均衡性

人的身心发展的不均衡性，即人的身体的成长壮大和心理的成熟丰富并不是完全一致、完全平行的。一方面，不是说身体长高了、长大了，心理就一定会成熟；也不是说个子没有长高，心理就一定没有成熟。前一种情况，有智力低下者为证；后一种情况，有神童为证。另一方面，身心发展的速度不是平均不变、均衡匀速的，而是有快有慢，有发育高峰，有关键期，如身体发育的两次高峰、口语发展的关键期、青春期，等等。

（3）人的身心发展的顺序性和阶段性

人的身心发展的顺序性和阶段性，即人的身心发展是有先后顺序和不同阶段的。发展的顺序性是指人的身心发展的过程和特点的出现具有一定的顺序，如人的身体发育遵循由头部到下肢和由中心到外围的顺序；人的思维发展遵循"直观动作思维—具体形象思维—抽象逻辑思维"的顺序。发展的阶段性是指人的身心发展都要经过若干阶段，不同的阶段表现出不同的特征。而且，每一阶段都是前一阶段的延续和发展，又是后一阶段的基础和准备。每一年龄阶段的特征，都是前几个阶段发展的积累。如0~1岁主要是长身体的阶段，1~3岁主要是口语的发展阶段，3~6岁是以形象思维为主的阶段，6~12岁是形象思维和逻辑思维并重的阶段，12岁以后是以抽象逻辑思维为主的阶段，等等。

（4）人的身心发展的稳定性和可变性

人的身心发展的稳定性和可变性，即人的身心发展与时代发展和社会变迁的关系。一方面，人的身心发展并不随着时代发展和社会变迁大起大落，而是保持相对稳定。这一代人和上一代人、下一代人和这一代人，在发展的顺序、阶段、年龄特征和变化速度等方面，基本上保持一致，具有相对的稳定性；另一方面，人的发展并不是一成不变的，由于社会生活方式的发展变化，人的发展在水平、程度、速度等方面，发生着缓慢的变化。比如，当代青少年，比之他们的祖辈，身高增长明显，青春期也提前到来。

（5）人的身心发展的普遍性和差异性

人的身心发展的普遍性和差异性，即人的身心发展具有普遍共同性和个体差异性。一方面，不同民族、不同种族、不同性别和不同地方的人们，身心发展的顺序和阶段具有共同性，大致相同；另一方面，由于遗传和社会因素的影响，人的发展并非完全一致的，人和人还是有差异的。人的发展的差异性主要表现在：同龄人在同一方面发展水平的差异；同龄人在不同方面发展的关系上存在差异；不同性别间有明显的差异；不同地区间有明显的差异，如寒带人和热带人；不同民族和种族间有明显的差异，如黑人和黄种人。

（二）影响人的发展的因素

影响人的发展的因素，由于人们的视角不同，观点也就不尽相同。概括地说，有一因素说、二因素说、三因素说、四因素说、内外因说等几种。

1. 一因素说

一因素说，简单地把人的发展归功为某一种因素影响的结果，否认其他因素在人的发展中的作用，主要有"遗传决定论""环境决定论"和"教育万能论"等。

（1）遗传决定论

遗传决定论认为：影响人的发展的因素，只是遗传，除了遗传别无其他因素。人的一切都是先天注定了的。后天的环境和教育，至多只能延缓或加速遗传因素的实现。所谓"龙生龙，凤生凤，老鼠的儿子会打洞""一两的遗传胜过一吨的教育"，等等，就是典型的遗传决定论。

（2）环境决定论

环境决定论认为，人是环境和教育的产物。把人的发展简单地归结为被动地受制于环境的影响。否认遗传在人的发展中的作用，否认人的主观能动性。美国行为主义者华生（J.B.Watson）就曾宣扬："给我一打健全的儿童，我可以用特殊的方法任意地加以改变，或者使他们成为医生、律师……或者使他们成为乞丐、盗贼。"

（3）教育万能论

教育万能论离开了遗传的前提和环境的影响，孤立地、片面地谈论教育，过分夸大教育在人的发展中的作用。如夸美纽斯就曾说："只有受过一种合适的教育，人才能成为一个人。"洛克也说："我们日常所见的人们，他们是好是坏，有用无用，什么都是由他们所受的教育决定的。人类之所以有千差万别，便是教育的力量。我们儿时所受的影响，哪怕极微小，小到全不觉得，都是极重大极长久的影响的。正如江河之源泉一样，水性至厚，一点人力便可以导入他途，使河流的方向改变。根源上只移动一点点，但是趋向差异，终结它的差别便差得极远了。"这都是典型的教育万能论。

2. 二因素说

二因素说其实是一种折衷主义或调和主义的观点，既强调遗传的决定作用，也强调环境的决定作用，把儿童的发展看成是先天的遗传与后天的不变环境共同决定和影响的结果。如德国儿童心理学家施太伦（W.Stern）提出人的发展的"辐合说"，认为儿童的心理发展是由于儿童内部性质和外界环境发生了"辐合"的结果。美国心理学家伍德沃斯（R.S.Woodworth）也认为，人的心理发展等于遗传和环境的乘积。

3. 三因素说

三因素说是比较流行的观点，认为影响人的身心发展的因素主要有遗传、环境和教育。

（1）遗传是人的身心发展的生物前提和物质基础，是人的身心发展的必要条件，为人的身心发展提供了可能性

遗传是人们从先代继承下来的生物特征，是与生俱来的生理解剖特点，如机体构造、形态、感官和神经系统的特征，等等。遗传也就是我们通常所说的"天赋""禀赋"或"遗传素质"。

人的遗传是有差别的，不承认这一点就不是唯物主义。生活经验告诉我们，有所谓的"上智""下愚""超常""低常""天才""白痴"之分。科学研究也告诉我们，人的"基

因"中的"遗传密码"具有丰富的遗传信息，控制着人的遗传和发展。这就是即使同卵双胞胎也不完全一样的原因。

遗传素质具有很大的发展潜力。在合适的环境和教育的影响下，人的遗传素质有着极大的发展可能性。有的人有某种感官的缺陷，可以通过其他感官的发展得到一定程度的弥补，如盲人触觉的充分发展和聋人视觉的充分发展，都说明了这一点。

马克思主义认为，人是自然实体和社会实体的统一。遗传素质在人的身心发展中起着非常重要的作用：

——为人的身心发展提供物质基础和生物前提。无论是身体的发育，还是心理的成熟，都是在先天遗传素质的基础上展开的。

——是人的身心发展的必要条件。没有正常的遗传素质，就没有身心的正常发展。要成为画家，必须有明亮的眼睛；要成为音乐家，必须有灵敏的双耳；要成为长跑健将，必须有健康的双腿等。但是，遗传素质并不是身心发展的充分条件。

——为人的身心发展提供广泛的可能性。但也仅仅提供一种可能性，明眼人未必都能成为画家；耳聪人也未必都能成为音乐家；双腿健全的人，未必都能成为长跑健将。

——遗传素质的差异性影响人的发展的差异性。

——遗传素质的成熟机制影响人的年龄特征。遗传素质是逐步成熟的。人们只有到了一定的成熟时期，才能有效地学习某种知识和技能。成熟条件不具备而勉强进行学习是低效或无效的。

（2）环境是人的身心发展的决定因素，决定着人的身心发展的方向和水平

环境是指人生活于其中、影响人的一切外部条件的总和。它包括自然环境和社会环境。

自然环境是不依赖人而存在、人与其他生物所共有的环境，如宇宙星辰、山川河流、空气水土等。自然环境是人类与其他生物生存的基础和必要条件。对人的身心发展也有一定的影响，如草原上的人善骑射，江河湖海上的人善行舟，生活在太平洋岛国上的人和生活在北极圈的人，无论在生活习惯、行为方式还是身体发育等方面，都有较大的差异。

社会环境是人们所生活的一定的社会物质条件和精神条件的总和，包括宏观社会环境和微观社会环境。教育是社会环境的重要组成部分。

——宏观社会环境为人的发展提供总的条件和背景，制约着人的发展方向和水平。宏观社会环境包括我们所处的时代、社会制度、文化传统、社会关系、社会意识等社会大背景，它们对人的发展从总体上起制约作用。任何人都跳不出他所处的社会历史时代。

——微观社会环境为人的发展提供潜移默化的直接影响。微观社会环境是指人的生

活活动圈，包括家庭、邻里、亲友、伙伴、娱乐场所、学校、单位等。人们无时无刻不生活在具体的环境中，也无时无刻不在接受环境的广泛而直接的、潜移默化的影响。所谓"近朱者赤，近墨者黑""孟母三迁"等，都说明了这一点。

（3）教育是人的身心发展的主导因素

教育尤其是学校教育，在人的身心发展中起主导作用。所谓主导作用有两重含义：一是教育的影响力要比遗传和环境大；二是教育能充分利用遗传和环境的作用。教育万能论和教育无能论都是错误的。

——学校教育在人的身心发展中起主导作用。因为学校是专门的育人机构，它以育人为根本宗旨；学校教育活动是有计划、有目的、有组织的活动；学校有着经过专门训练的专业教育工作者；学校的教育内容是经过专家学者精心挑选和组织的。

——学校教育在人的身心发展中起主导作用。因为学校教育能把遗传和环境的影响充分地利用和组织起来。现代学校教育和家庭教育、社会教育的有机结合，更能充分地利用遗传和环境的作用。

——学校教育在人的身心发展中起主导作用。因为受教育者是正在成长和发展中的人，他们的身心各方面都还不成熟，具有"可塑性"；同时，他们具有强烈的"学生感"和"向师性"，具有接受教育和自我发展的强烈愿望和"可教育性"。

——学校教育在人的身心发展中起主导作用。因为现代社会，科学技术高度发达，只有接受学校教育，才能成为合格的社会成员。

4.四因素说

四因素说在承认三因素说的基础上，提出了人的主观能动性在人的发展中作用的问题，认为人的主观能动性是影响人发展的最终决定因素。

因为，环境和教育只是影响人发展的外因，它们的影响只有通过人自身的活动才能实现。没有受教育者的积极参与，没有受教育者的勤奋努力，即使有再好的遗传条件，再好的环境和教育水平，都不能起到应有的作用。受教育者是活生生的人，他有自己的主观意志、情绪情感、兴趣爱好，他不是被动地受制于环境和教育的。受教育者主观能动性的积极而充分的发挥，是其身心发展的根本动力。

四因素说还有一种，认为影响人的身心发展的因素，除了遗传、环境（教育），还有"主体已有的身心发展水平"和"活动"。

——认为"主体已有的身心发展水平"是影响人发展的重要内部条件。已有的身心发展水平既是以往发展的结果，又为进一步发展提供了依据。它影响着个体对周围环境的认识和选择，影响着个体对客观现实的作用方式，从而制约个体的发展历程。

——认为"人的活动和环境的结合是人的发展的决定性因素"。人的活动包括生命活动、心理活动和社会活动。生命活动是人进行一切活动的前提，对人的整个身心发展产生影响；心理活动具有认识外部世界和发展个体心理水平、控制主体活动的作用，使人掌握事物的特性和关系，认识客观世界和自我；社会活动是人的心理活动的源泉，人正是通过社会实践活动把主观和客观联系起来，认识世界、改造世界和认识自我、发展自我的。人只有通过活动，才能得到发展。遗传、环境对人的发展，都要通过活动才能实现。活动之外不存在发展。

5. 内外因说

毛泽东同志在《矛盾论》中有一段精彩的论述："唯物辩证法认为外因是变化的条件，内因是变化的根据，外因通过内因而起作用。鸡蛋因得适当的温度而变成鸡子，但温度不能使石头变为鸡子，因为二者的根据是不同的。"关于影响人的发展的因素，有一派观点就以此为依据，认为无非是内因和外因。但是内因是什么，外因是什么，却不甚明确。内因大致指的是遗传和人的主观能动性，外因大致指的是环境和教育。

综上所述，影响人发展的因素是多方面、多层次的，教育仅仅是其中的一个因素。但是，教育是其中的一个比较重要的因素，它在人的身心发展中起主导作用。

（三）教育对人的发展的功能

作为影响人的身心发展的主导因素，教育具有"成人"和"成才"两种功能。所谓"成人"，是指教育从人的生存需要出发，把人类社会长期积累起来的知识经验和生活规范传授给个体，促使个体社会化为一个社会人。所谓"成才"，是指教育从人的发展需要出发，进行造就和培养，促使个体成为具有自我谋生本领和参与社会生活的能力，具有创造社会文化和发展人类生活能力的人才。教育的"成人"和"成才"功能是辩证统一的，彼此依存、相辅相成。

1. 教育的"成人"功能——促进个体社会化

所谓社会化，是指个体接受社会文化，由"自然人"或"生物人"成长为"社会人"的过程。在这个过程中，教育的功能表现在：

（1）促进人的思想、观念社会化

从文化发展的角度来看，个体社会化的过程，也就是社会文化由"客体文化"转化为"主体文化"的过程，亦即个体接受社会观念的过程。教育尤其是学校教育，能有目的、有计划、有组织地帮助人们形成社会所需要或所倡导、所赞赏的思想观念。

（2）促进人的智力、能力社会化

一方面，教育指导或规范人的智力能力社会化；另一方面，教育加速人的智力能力社会化。教育尤其是学校教育，因其目的的明确性、过程的计划性和组织性、内容的浓缩性和简约性，在促进人的智力能力社会化过程中，具有确定目标、指导方向、规范途径、加快速度的作用。

（3）促进人的职业、身份社会化

一方面，教育是促进人的职业社会化的重要手段。职业分工，是社会发展进步的标志。现代社会，职业越分越细，专业化越强，越需要经过教育培训。未经教育培训的人，很难获得工作或好工作；另一方面，教育是促进人的身份社会化的重要手段。"万般皆下品，唯有读书高"，古今中外，一定程度的教育都是一定身份的标志。

2. 教育的"成才"功能——促进个体个性化

人的个性化与人的社会化是相对而言的，二者是同一过程的两个阶段。如果说人的社会化，是把人类长期积累起来的科学文化即"客体文化"转化为个人的知识能力即"主体文化"；那么，人的个性化则正好相反，是把个人所拥有的知识和智慧即"主体文化"表现出来，转化为社会共有的"客体文化"。简言之，个性化的过程，就是增加才干、发扬创造精神、形成良好心理品质的过程。教育具有促进人的个性化的功能。这种功能主要表现在：

（1）教育能够促进人的主体性的发展

所谓主体性，是人面对客观世界时的主观能动性。它表现为人的自主精神、主动性、积极性与创造性。教育通过提高人对自我的认识来提高人的主体性。教育过程，就是一个不断提升自我、弘扬主体精神的过程。

（2）教育能够促进人的个体特征的发展

个体特征，是人的身心发展的差异性和特有性，是个体表现出来的与他人的种种不同。具体表现在人的专业擅长、兴趣爱好、情绪情感、气质性格等方面。这些特征的形成和发展，主要是后天环境和教育的结果。教育可以根据每个人的特点，因材施教、长善救失，使每个人的个体特征都得到良好的发展。

（3）教育能够促进个体价值的实现

所谓个体价值，是指个体对社会的贡献。要充分实现个体的人生价值，就应对社会多做贡献。而一个人能对社会贡献多少，是与他的能力大小紧密联系的。这就需要充实自己，提高能力，增强为社会做贡献的本领。教育正是通过提高人对生命意义的认识、传授知识经验、培养智力能力、赋予智慧品德、树立自强自信等，来形成人为社会做贡献的实际本领，从而促进个体价值的实现。

第二章 中小学英语教学的理论研究

第一节 语境设置与中小学英语教学

在英语教学中，语境设置发挥着非常重要的作用。恰到好处地设置语境不仅有助于激发学生学习英语的兴趣，而且对提高英语课堂教学效果有很大的促进作用。英语教师越来越重视在课堂上巧妙地设置语境，创建和谐、宽松的课堂氛围，提高学生的英语综合运用能力。很多学生面对英语学科，最大的感触就是：难。究其根本原因是缺乏英语交际。学生从小生活在母语（汉语）语言环境中，缺少真实的英语语言环境，不利于培养学生的英语交际能力。在英语课堂教学中，教师只有巧妙地设置语境，创建轻松、活泼、真实的语言环境，才能充分调动学生学习英语的积极性，使学生乐学、会学，提高学习效率。

一、英语教学中语境设置的应用

（一）应用于词汇教学

英语的主要构成部分是词汇。任何一个人想要熟练地运用英语，必须拥有充足的词汇量。在初中英语教学中，好多初中生往往掌握了单词的读音、拼写，但不能熟练地对单词进行正确运用，其原因在于英语教师在进行词汇教学时，只是独立的讲授，即先教给学生单词的读音，然后再引导学生理解单词的含义、用法，最后通过造句加深理解。这种教学方式无任何新意，且枯燥、乏味，容易淡忘，也不利于学生理解、掌握。学生对词汇的学习只是抽象地死记硬背，缺乏语境的熏陶、感染。如果将语境设置运用于词汇教学中，单词不再是孤立存在，而是出现于文章、句子中，在语言环境中让学生学习词汇，使学生通过阅读整个句子、整篇文章来理解、掌握词汇在语言环境中具体的含义，则有利于学生牢固记忆，准确、自如地运用。

（二）应用于阅读教学

学生英语阅读能力的提高，是英语教学的重要目标。在传统英语阅读教学方式中，主要是以教师讲解、学生做笔记为主，这种方式忽视了学生分析问题、解决问题能力的培养，造成了学生在阅读方面理解能力差、阅读速度慢、运用英语处理信息的能力极差。

在英语阅读教学中，教师既要精心挖掘、设置语境，让学生在声情并茂的语言环境中慢慢体会阅读内容，又要有意识、有目的地培养学生建构语境的能力，帮助学生走出阅读困境，提高英语阅读教学的效率。

二、如何创设语境

（一）利用语篇

好的语篇是在一定语境内由各种语法形式有机地组合起来的。因此，在语法教学中，精心准备一些短文，利用上、下文语境，可以充分地理解其所蕴含的意义。如以英语从句教学为例，在传统的语法教学中，基本上都是以句子的形式进行的，相互区别的标志往往是句子中出现的一些标志性的词，如 that，what，when，where，who，because，even if，in case，等等。处理不当，学生就会越学越糊涂、越学越混乱，不能从根本上掌握。而此时提供一个具体的语篇语境，让学生认真阅读，由于有了思维的可比较性，即上下文，思维逐渐连贯起来，形成理解、接收到基本掌握的过程。这时，只需要老师稍加点拨，学生就能够在一个高层面上全面掌握。

新课标也要求英语教师善于整合教材内容，利用教材教学而不是教教材。教材每单元都有单列语法模块，但并非要求我们单独进行语法教学，如果那样，则又回到了老路上了。正确做法应该是在理解课文的前提下，顺带触及本模块的语法问题，并利用设置的练习来加以巩固。这样整个教学流程顺畅自然，在课文语境前提下学生掌握语法不再感到枯燥无味，也不再有抵触情绪了。

（二）充分发挥教师的主导作用，开展丰富多彩的课堂活动

设置语境的目的是提高英语教学效率。所以教师在进行教学设计时，所有的教学活动都要以教学目的为核心，为实现教学目的而进行。如果在语境设置中，没有明确的教学目标，课堂气氛会陷入一片混乱，达不到设置语境进行语言交际的目的。因此教师必须充分发挥主导作用，认真钻研教材、教法，对教学内容仔细研究、探讨，确定活动的主题，明确目标，选择恰当的形式，开展丰富多彩的课堂活动，引导学生学习、理解、掌握教学内容。学生学习英语、实践英语的场所，除了学校的课外活动，家庭也是一个重要场所。在英语教学中，教师在布置课下作业时要体现"实践性"的特点，将学校英

语课堂延伸到家庭英语课堂，促进学生建设在家学英语的学习环境，使学生实践、巩固所学知识。比如教师可以让学生将学校里学会的英文歌曲回家表演给家长看，也可以让学生在家收集有英文说明的包装纸、包装袋等。

总之，在英语教学中运用情境教学，既能活跃课堂气氛，激发学生的学习兴趣，锻炼学生的语言能力，又能培养学生的思维能力和空间想象能力。

第二节　游戏教学法与中小学英语教学

一、中小学英语教学中游戏教学法应用的意义

（一）充分发挥学生的积极主动性

对于中小学生来说，游戏是他们最喜欢的一种活动，在教学中应用游戏教学法可以充分发挥其积极主动性。在传统教学中，教师往往都是讲单词、讲语法，学生完全体会不到英语学习的乐趣，对于英语学习的积极性也明显降低；而在教学中应用游戏教学法，可以充分发挥学生的积极主动性，一个好的游戏不仅可以有效地活跃课堂氛围，还可以让学生积极投入进去，达到在玩中学、学中玩的效果。英语作为一门语言类学科，英语学习的主要目的是应用，而非死记硬背英语知识点。在游戏活动中，学生不仅可以掌握英语知识，还可以增强其语言运用能力。

（二）提升课堂教学效果

中小学生的注意力往往不能长时间集中，在课堂听讲过程中他们很容易出现疲劳状态，在这种情况下就很难达到良好的教学效果。因此，在课堂教学中应用游戏教学法是很有必要的，通过游戏化的教学方式，可以让学生多感官参与进来，从而加深学生对英语知识的理解，有效地提升课堂教学效果。

（三）加强学生对知识的印象

中小学生接受新知识的速度比较快，同样记忆力也比较短暂，如果对知识的印象不够深刻，而且在课下也没有做好复习巩固工作，那学生所学的英语知识很快就会遗忘。在英语教学中开展游戏教学，不仅可以加深学生对英语知识的印象，还可以帮助学生进行知识巩固，相比于传统的教学方式，在游戏中学习英语更容易取得良好的效果，学生相对来说会比较投入，积极性也会更加高涨。

（四）提升师生之间的互动

在传统的课堂教学中，除了教师提问之外，师生之间的互动是比较少的，在这种情况下，教师不能及时了解学生的情况，也就难以做到针对性教学。在游戏教学中，教师可以积极参与到游戏过程中，和学生之间建立一种和谐平等的关系，让学生在游戏中充分表达自己的意见。只有不断增加与学生之间的互动与交流，才能帮助教师更好地了解学生的实际情况，进而采取更加有效的教学方式。

二、游戏教学法在中小学英语教学中的具体应用

（一）结合教学内容，制订针对性的游戏教学

在中小学英语教学中应用游戏教学是非常有必要的，游戏教学的效果也是较为显著的。为此，在日常英语教学中，教师可以根据教学内容，选择适宜的游戏教学方式，进而有效地提升学生的英语学习水平。在中小学英语学习中涉及词汇、阅读、写作等几个不同的方面，根据教学内容的不同，所采用的教学方法也应有所不同。在使用游戏教学法时也应该注意这个问题，确保游戏的开展能够取得良好的教学效果。例如，在外研版中小学英语 "It's red" 教学中，这节课会涉及很多表示颜色的词汇，如果教师直接为学生讲解这些单词，不仅难以保证良好的教学效果，还很容易使学生造成混淆。在这种情况下，教师就可以利用游戏的方式，将词汇学习与游戏结合在一起，进而帮助学生快速掌握这类单词。教师可以这样来设计游戏：可以先将学生分成两组，一组学生手持不同颜色的卡片，另一组学生持表达颜色的英语单词卡，学生需要找到和自己手拿卡相对应的另一个学生，这样游戏就取得了成功。在游戏过程中不仅可以有效地加深学生对知识的印象，而且可以让学生积极参与到课堂教学中，这样才更容易取得良好的教学效果。

（二）借助游戏情境，创设良好的学习氛围

良好的学习氛围对语言学习来说是极为有帮助的，在周围环境氛围的影响下，学生说英语的兴趣会更加高涨，教学效果也可以得到显著提升。此外，在游戏情境中学习英语，可以让学生处于一个更加轻松、欢快的状态，这对于学生的英语学习来说也是极有帮助的。例如，在外研版中小学英语 "They're monkeys" 教学中，这节内容主要是学习一些小动物以及单复数问题，在讲解课文内容之前，教师就可以利用角色扮演类游戏为学生创设一个相应的教学情境，让学生来分别扮演不同的动物角色，并且让每个学生对自己所扮演的角色进行相应的介绍。单复数是学生在英语练习中经常容易忽视的一个问题，利用游戏情境的方式来学习，学生的印象会更加深刻，在使用过程中也会最大限度地降低错误的发生。

（三）开展游戏练习，做好知识巩固

对于所学的知识，如果不及时进行课堂巩固，就会很容易遗忘，因此，在英语教学中，教师除了要重视课堂知识的讲解，还要加强对课后知识的巩固，这样才能有效地帮助学生提升英语学习效果。在日常的作业布置方面，教师可以采取游戏的方式，这样既可以提升学生对英语学习的积极性，也可以加深学生对英语学习的印象。例如，在外研版中小学英语"Do you like meat?"教学中，教师就可以放弃传统的书写作业方式，为学生布置角色扮演的游戏作业。学生可以在课下自由结成小组或者和家长共同完成。在小组中一名学生可以扮演服务员，其他人扮演顾客，服务员在提供服务时首先要询问顾客"Do you like meat?"不同的顾客可能会有不同的回答，有的人可能会说"Yes，I like."也有人会回答"No，I don't like.I like vegetables."游戏过程学生同样可以达到巩固知识的作用，这种方式相比于传统的作业方式更受学生欢迎。

（四）利用游戏活动，测验学生英语学习的效果

在学习中，测验是一个必不可少的环节，通过测验可以更加直观地了解学生英语知识的掌握情况，但是对于学生来说，测验往往是他们不太喜欢的。尤其是频繁的测验很容易影响学生学习的积极性，使学生对英语学习产生厌倦的心理。而且很多学生在测验时会出现紧张焦虑的不良情绪，在这种情绪的影响下学生难免会出现发挥失常的情况，这也就无法准确掌握学生的真实水平。在教学过程中教师可以采用游戏活动的方式，这样既可以避免学生的非正常发挥，还可以在轻松愉快的状态下检验学生对英语知识的掌握，这种方式能够更加准确地检验学生的英语水平。例如，在检查学生单词的背诵情况时，教师就可以不再采用传统的默写方式，而是为学生组织"我来认"的游戏活动，教师可以给学生发一些印有英文单词的卡片，被提问到的学生需要从中随机抽取一张，首先要正确朗读单词，然后再解释单词的意思，最后将单词拼写出来。如果没有全部答对则要接受惩罚。通过这种方式既可以提升学生的积极性，还可以达到良好的学习效果。

综上所述，游戏教学法在中小学英语教学中的应用不仅能够有效地提升课堂教学质量，而且是新课改的充分体现。在中小学英语教学中，教师要善于应用游戏教学法，让学生更加积极主动地投入课堂教学中，从而有效地提升课堂教学效率和水平。采用游戏教学法可以有效达到寓教于乐的效果，进而真正提升学生的综合素质和水平。

第三节 如何做好中小学英语教学的衔接

小学英语教学和初中英语教学之间的过渡问题，一直是困扰教师的难题。教师应重视中小学英语教学之间的有效衔接，促进教与学的和谐发展，为英语教学效率的提高奠定良好的基础。教师要在教学过程中不断思考，以学生的终身发展为目的，不断提升学生的英语学科核心素养。

一、当前学生的英语学习现状

一般来说，中小学英语教学从三年级才开始，导致一些学校和家长认为英语没有语文和数学重要，不够重视中小学生的英语学习。受此理念影响，很多学生在中小学阶段的英语学习效果达不到新课程标准的要求。而中小学英语课程的教学目标与中小学英语实际情况相差甚远，因此容易导致刚升入中小学的学生跟不上教学进度，从而对英语学习失去信心。

（一）两极分化严重

在英语教学实践中，笔者发现，小学六年级的学生已经开始"两极分化"，而七年级学生英语水平的"两极分化"现象更严重。大部分城镇学校的英语教师比较专业，学校把英语视为主科，再加上一些学生很早就参加了校外英语兴趣班，因此这些学校的学生普遍拥有良好的英语基础，学起来自然更加容易。然而，农村地区的学校各方面条件比较落后，甚至缺少专业的英语教师，因此只能将英语课的开设延迟到四年级。加之没有英语学习环境，农村学校的英语教学现状令人担忧。这些英语基础不佳的学生进入七年级后，开始全方位地接受英语听、说、读、写技能的培训，被要求在短时间内实现"无缝对接"，适应中学英语教学的内容和强度，这对于他们来说是有很大困难的。而教师为了照顾落后的学生，会放慢教学进度，导致基础好的学生无法得到较大的提升。

（二）基本功不扎实

一是英文书写不规范。在中小学阶段，很多教师不太关注书写规范，学生在书写英文字母时笔顺和位置都有问题，比较随心所欲。二是英语语音、语调不准确。一些七年级学生在读单词时喜欢用拼音进行注音，导致读音不准确，长此以往会形成不好的发音习惯。三是英语语用能力差。学生中普遍存在"哑巴英语"的现象，他们在生活中不会运用英语，在写作时更不能自由表达，所学的知识点都是机械的、脱离语境的。

二、有效衔接中小学英语教学的策略

目前，中小学英语教学往往脱离语境，"哑巴英语"的现状令人担忧。为了解决教学中的这些问题，帮助学生顺利从小学过渡到初中，教师应重视英语教学的衔接工作，合理制订教学目标，安排教学计划。

（一）把握好《义务教育英语课程标准（2017 年版）》

《义务教育英语课程标准（2017 年版）》是中小学英语教学的导航灯，是考核英语教学质量的重要依据。目前，很多中小学英语教师不明确所教年级的教学目标。没有目标和方向，教学效率和质量就难以提高。有些中小学英语教师过度信奉"兴趣教学法"，不抓学生的基本功，导致学生的基础不扎实。初中英语教师不清楚小学的课程内容，认为升入初中的学生不应连简单的语音知识、基本时态都弄不清楚，这就产生了英语教学衔接上的困难。

学校应组织小学和初中英语教师认真研读《义务教育英语课程标准（2017 年版）》，让他们明确各自的目标、责任。小学英语教师要按照新课程标准的要求，抓住学生学习语言的黄金时间段，尽最大可能挖掘学生在英语语言运用方面的潜能，帮助学生养成良好的阅读习惯。初中英语教师也要了解小学阶段的英语学习目标和内容，以便及时对七年级的学生进行知识点的查漏补缺，不断提升学生的英语综合运用能力，让学生实现顺利过渡，不断提升学生的英语学科核心素养。

（二）深入分析英语教材

在英语教学中，教师应认真分析研究英语教材，对小学英语教材和初中英语教材进行对比。笔者通过对比发现，虽然很多七年级英语教材涉及的内容在小学阶段已经学过，但是初中英语教材中的知识点更多、更细。例如，人教版小学英语四年级下册 Unit 2 "What time is it?" 要求学生掌握整点的英语表达方式，而人教版七年级英语下册 Unit 2 " What time do you go to school?" 还要求学生掌握具体时间的英语表达方式。此外，初中英语教学对学生英语运用能力的要求有所提高，在听力方面要求学生能听懂对话和短文；在口语方面要求学生能进行简单复述；在阅读方面要求学生能读懂简单的故事并能抓住大意，且课外阅读量达到 40000 词以上；在写作方面要求学生能写 50 ~ 60 词的文章。因此，英语教师要仔细分析中小学教材的异同，在教学中真正做到有的放矢，做好中小学英语教学的衔接。

（三）引导学生养成良好的学习习惯

一是规范英文书写。在英语考试中，主观题的占比越来越大，书写是否规范直接影响着学生的学业成绩。因此，教师在教学中要时时注意学生的书写是否规范，对学生严格要求。

二是掌握正确的读音。中小学阶段有大量的字母组合发音，学生掌握了这些字母组合的发音，对记忆英语单词能起到事半功倍的效果。教师应教给学生一些字母组合、词缀的发音规律，从而让学生既记住单词的拼写，又记住单词的发音。

三是养成阅读的习惯。阅读量是决定英语水平的重要因素，教师应从小学起就鼓励学生增加英语阅读量，要求学生进行课外阅读。英语阅读习惯的养成需要长时间的坚持，教师可以从英语绘本故事入手，帮助学生建立英语阅读的兴趣，并不断加大阅读难度，保证学生英语水平的稳步提升。

四是注重英语的运用。教师不但要鼓励学生在课堂上多说、多用英语，还要鼓励学生将英语融入生活，在生活中使用英语。例如，学完有关颜色的单词后，教师可以让学生用英语描述自己熟悉的动物、植物、食物的颜色。到了高年级，教师还可以让学生用英语写书信、电子邮件、邀请函等，从而让学生熟悉英语在生活中的应用。

（四）加强英语教师之间的交流和互动

一是注重开展中小学英语教研活动。在活动中，教师应明确教学目标、教学方法及学生在不同阶段的英语学习特点，并针对教学中的疑难问题共同探讨解决方法，从而不断提高教师的英语专业素养和教研能力。

二是促进跨年级教学和轮岗教学。九年级一贯制义务教育学校可以让英语教师同时任教六年级和七年级的英语课，进行跨年级教学。中小学校之间也可以结为"手拉手学校"，互派几位优秀的教师跟班学习，在实际教学实践中了解每个阶段学生的英语学习特点，从而做到有的放矢。

（五）分类指导，因材施教

英语教师要准确了解和掌握学生的英语水平及发展现状，分析学生之间英语水平的差距，针对不同的学生因材施教。对于优等生，要发挥他们的示范和榜样作用；对于后进生，要耐心、细心地做好辅导，对他们的要求不能太高，了解他们的"最近发展区"，让他们体验学习中的成就感。

总之，在英语教学中，我们要重视小学与初中英语教学之间的有效衔接，促进教与学的和谐发展，避免过早出现"两极分化"的现象，提高学生的英语综合能力。要做好小学英语教学与初中英语教学的平稳过渡和无缝对接，帮助学生快速适应初中英语教学，需要英语教师在平时的教学实践中多动脑筋，不断思考，以学生的终身发展为目的，不断提升学生的英语学科核心素养。

第四节 中小学英语教学兴趣衔接策略

兴趣衔接就是学习兴趣在不同学习阶段的延伸与拓展，基于英语学习的特殊性，教师必须考虑更好地处理中小学英语学习兴趣的衔接策略。

一、中小学英语教学兴趣衔接中存在的问题

（一）教师忽视兴趣衔接的问题

中学教师普遍忽视学生英语兴趣的衔接，觉得英语教学兴趣的引导与转化要在小学六年级阶段就完成，学生应该在六年级就适应机械记忆，形成良好的英语独立学习能力。但是实际情况是，很多小学教师一直以固有教法完成教学任务，没有考虑到学生在初中阶段的适应情况。教师忽视英语兴趣衔接的实际问题，会使很多学生走入初中校园之后失去了对英语学习的兴趣，英语成绩不断下降，影响了教学效果。

（二）衔接时间节点与方法问题

教师开展英语兴趣衔接工作在时间节点与方法方面存在问题。首先，教师不知道应该怎样让学生逐步形成自主开发英语学习兴趣的办法，一方面为了迎合学生，不断用新奇的教学模式刺激学生，使学生更好地适应初中英语学习，但是这样的教学方式无法长时间存在，教师会感觉特别无力；另一方面，教师希望学生能够尽早适应初中英语学习模式，所以会迫不及待地开展一些英语任务学习活动、项目学习活动等，会使之前所有的衔接教学努力都变成空谈。

（三）兴趣衔接与能力教育分裂

学习兴趣的引导与衔接是为了更好地开展英语教育活动，但是很多时候教师忽视了这一点，将兴趣衔接教学与能力教育分开处理，导致很多学生虽然都投入了英语学习活动之中，但是依然不知道应该怎样开展自主学习，最终依然徘徊在依靠教师引导的教学行为中。教师必须积极思考将兴趣衔接教学与能力教育结合起来，让学生能够一方面形成长期的英语学习动机，另一方面形成更为主动的自主学习能力。

二、中小学英语教学兴趣衔接策略

（一）明确兴趣衔接的重要性

为了解决教师忽视兴趣衔接的问题，中小学教师必须明确兴趣衔接的重要性。首先，初中教师要明确初中生的心理特点，初中生虽然不像小学生那样对新鲜事物感觉新奇，也没有小学生那样活泼好动、好问好说，但是他们天真烂漫，不知道应该怎样适应长期枯燥的英语学习生活，总是渴望能进行带有趣味性和竞争性的学习活动。为了适应这种心理特点，小学教师往往会组织更多的英语游戏活动，组织更多的英语模拟情境等。而初中教师明确了初中生的心理特点就会考虑英语兴趣衔接教学的重要性，开展各种英语课外活动，如竞赛，满足学生的心理需要，让学生在活动中巩固和运用所学的知识，在竞赛中享受成功的乐趣。

（二）设计兴趣衔接节点与方法

为了解决中小学英语兴趣教学衔接时间节点与方法的问题，必须设计好兴趣衔接的节点，利用有效的方式方法。首先，要从兴趣教学入手，调动初中生的学习激情。轻松处理课程设计就是最关键的一步，在设计课程内容的时候要先考虑如何才能设计一些生动有趣的环节，让学生感受到英语的学习乐趣。例如，在教学人教版八年级"I'm more outgoing than my sister"的过程中，教师就可以设计相应的活动任务：第一，学生练习他们的对话。第二，让两人表演他们的对话。除此之外，教师还可以举办手抄报比赛、词汇比赛、英文歌曲比赛等贴合学生兴趣的活动，让学生"有喘口气的机会"，更好地融入学习生活。其次，教师要在兴趣培养的同时明确教学方法是衔接的关键。教师应注意准确把握教学方法，如每节课都要进行学习方法的指导，让学生能够逐步形成良好的学习习惯，这样才是形成学习兴趣的关键。另外，兴趣衔接的节点要处理得当，教师要善于观察、研究、把握时机，培养学生独立灵活地运用英语的能力，保护和培养学生的学习兴趣。从基本情况来看，小学英语教学侧重听说，中学英语教学是听说领先、读写跟上。七年级是学生掌握短语和句子的关键；八年级是学生学习语法、融会贯通的关键；九年级是学生学会综合处理阅读理解问题的关键。基于这些内容，教师要设计兴趣衔接的节点：七年级多开展英语游戏活动，初中教师应尽可能地挖掘教材内容的趣味性，多设计一些有趣的英语对话，在课堂教学中使用卡片、实物、电教设备、简笔画等营造出语言交际的情景，使学生产生身临其境的感觉，做好中小学兴趣衔接。八年级重视学习方法的指引，引入信息技术的学习辅助作用，形成能力兴趣的引导。九年级重视自主学习方法的引导，教师要学会关注学生的成长，并尊重学生，使缺乏自信的学生逐渐意识到自己的重要性，从而培养学生的自信心，为高中英语学习做好准备。

（三）通过能力培养实现兴趣衔接

为了解决兴趣衔接与能力教育分裂的现状，教师要通过能力培养实现兴趣衔接。首先，教师要在课堂教学上设计更多的自主学习活动，让学生学会在小组内整理学习笔记，结合教师的导学案，养成自主学习能力。其次，教师要在初中课堂教学过程中明确学习目标和学习计划，因为这两点对学生的学习具有重要的指导作用，对学生自主学习能力的培养也有着重要意义。例如，教学人教版八年级上册"I'm going to study computer science"的过程中，教师要让学生明确目标：第一，学习的知识目标：学生可以用简单的将来时态"be going to"正确造句。第二，自我能力提升的目标：可以在不同的语境中使用目标语言，从听力材料中获取有用信息的能力，提高听说能力，可以从不同的方面提出几个解决方案。第三，自我情感体验目标：能提高学习英语的信心，能够积极配合他人，共同完成任务；能够理解新年是制订计划的大好时机；能够妥善安排。明确了目标，学生自然能够提升学习能力，掌握更多的知识，同时也能够掌握更多的自我能力提升的经验。

综上所述，小学和中学英语教学是不可分割的两个部分。小学英语是初中英语的基础，初中英语是小学英语的延续。小学英语教学兴趣衔接策略要明确兴趣衔接的重要性；设计兴趣衔接节点与方法；通过能力培养实现兴趣衔接，让小学阶段的英语学习兴趣能够在中学得到衔接、延续与再发展，全面提升初中生的英语学习兴趣，促使其形成终身学习英语的能力。

第五节 中小学英语教学中和谐的师生关系

英语是一门语言学科，要求教师对学生进行听说读写全方位的培养。小学阶段更要打好基础，满足初中阶段实践运用的学习要求。小学英语课堂教学更强调教师与学生的互动与配合，并通过日常互动与配合为学生营造一个良好的语言环境，打破语言的障碍，强化学生的听说能力，最终实现英语教学目标。因此，传统的以教师为主体的师生关系模式，并不适用小学英语教学。加之新课改要求，尊重学生在教学中的主体地位，构建和谐的师生关系。因此，构建民主和谐的师生关系，对中小学英语教学具有重要的意义。

一、中小学英语教学中构建和谐师生关系的重要意义

（一）提高学习兴趣

英语作为一门外来语言，学生在课堂之外，没有接触英语的语言环境。传统的填鸭式教学以灌输知识为主，教师在教学中占据着主导地位，导致学生的听说能力无法提高，英语学习变成了只重视读写与应试的"哑巴英语"。相反，教师通过课上构建和谐的师生关系，以学生为主体进行英语教学，课上与学生用英语互动交流，为学生创造一个英语语言环境，鼓励学生多说多反馈，有助于提高学生的学习兴趣，打破语言的障碍，调动其主观能动性，从而使学生的听说能力得到锻炼，英语素质得到提高。

（二）有助于创建和谐开放的课堂氛围

在中小学英语教学中，构建和谐的师生关系，可以使课堂氛围得到活跃，学生更加积极主动地配合教师的教学活动，减轻教学压力，促进教学水平的提高。当前课改的要求是以学生为主体进行教学活动，因此学生要更多地参与到教学过程之中。英语教师通过构建和谐的师生关系，学生在课堂上表现得更积极主动，教师能及时地收到教学反馈，便于及时调整教学思路并更具有教学针对性。同时，构建和谐的师生关系也能够为学生创造一个轻松融洽的学习氛围，提高学生的学习效率。

二、中小学英语教学中构建和谐师生关系的一般途径

（一）打造轻松、和谐、开放的课堂

第一，构建和谐师生关系的基础，是打造一个和谐的课堂。轻松和谐的课堂能够激发学生的学习兴趣，减少学习陌生语言的紧张心理。教师作为教学的引导者，言谈举止影响着课堂氛围。教师在教学过程中，态度要温和，语言要生动形象，教学方式要活跃，在教学过程中给学生传递出亲切、鼓励、信任、友好等情感，拉近师生间的距离，营造和谐的课堂氛围。

第二，要多使用鼓励和赞美的语言，加强学生学习语言的信心。例如，在学生正确回答问题之后，可以通过说"Good""Well"等词语进行表扬；在学生未能正确回答问题时，要积极鼓励同学，如"加油，老师相信你下回一定可以"等话语。中学的学生心理成熟程度不同，小学生更容易带动情绪，教师通过各种对几位同学的表扬，能带动全班同学的表现欲，形成良好的学习氛围；初中生的自尊心逐渐形成，积极的鼓励话语能减少学生不能正确回答教师问题的羞愧感和紧张感。

（二）教师要转变角色，拉近与学生的距离

英语学科自身的独特性，导致教师要更加关注学生在课堂之外的生活，建立平等和谐的师生关系，不仅要做学生的良师，还要成为学生的益友。小学阶段学生的心理比较单纯，教师通过多与学生互动游戏，参与日常生活话题的讨论，可有效地提高师生间的信任程度，将自身转变为学生的良师益友；而初中生正处于心理发展的阶段，具有叛逆思想，因此教师要及时关注初中生课外的学习特点，掌握其心理变化状态，帮其排忧解难，为成为学生的良师益友打好基础。

（三）课上创新教学理念

在中小学英语教学中，教师要通过积极转变教学思想，创新教学理念，建立和谐师生关系。在英语课堂上，为有效地构建和谐课堂，提高学生学习兴趣，减轻教学压力，提高教学水平，教师要配合使用信息化技术，将英语知识以具体形象的形式展现给学生。教师可采取游戏法、情景教学法等活跃课堂氛围。例如，教学三年级（PEP）上"Colours"过程中，教师可做几个不同颜色的帽子，让学生挑选戴上并熟记，然后开展萝卜蹲游戏，念到所戴帽子颜色的同学蹲下，并依次进行。例如，教学初中七年级上"My name's Gina"过程中，教师可截取影视作品中自我介绍的例子播放给同学，并组织同学模仿，创作新的对话。通过这种教学模式，课堂氛围更加轻松活跃，学生的学习兴趣得到提高，学生的听说读写能力得到全面锻炼。

（四）课下教师要积极引导

英语作为一门外来语言课程，学生平时接触不到，缺乏语言环境，仅仅通过课上学习，无法满足培养听说读写能力的全面要求。因此教师课下要采取各种方法，引导学生持续学习，为学生创造良好的学习环境。例如，教师可组织英语角、英语演讲比赛、英语写作比赛等活动，创造一个良好的语言学习氛围。教师也可以为高年级小学生定期播放一些积极健康的、对话简单的英语动画作品；为初中生播放一些影视作品，使学生体会到所学知识的实际运用场景，加强学生的实践应用能力。

（五）教师要加强自身素质

在中小学英语教学中，教师作为教学的引导者，学生在教学过程中知识的收益与教学成果的高低以及和谐师生关系的构建能力与其自身素质息息相关。因此和谐课堂的有效构建需要教师提高自身素质。教师要与时俱进，更新自身的教学理念，终身学习。教师可通过阅读教育、心理学等书籍，吸收借鉴先进的教育经验，及时更新自己的教育理念。学校也要定期组织教师进行培训，加强教师的自身素质，教师之间也要互相交流先进经验，促进互相进步。

（六）加强学生的自制力，培养良好的学习习惯

教师在活跃课堂氛围的同时，一定要加强课堂管理。学生良好的自我管理能力是培养和谐师生关系的前提。小学阶段学生的心理发展不成熟，初中阶段的学生处于心理与生理快速发展的时期，小学生与初中生的自制力都不高。实际上，只有部分学生有很强的自制力，能够在活跃的课堂氛围下，紧跟教师的教学思路，配合教师的教学活动。教师要观察并加强学生的自制能力，并在此基础上活跃课堂氛围构建和谐师生关系，切勿放任不管，将英语课堂变得过分放松，影响学生英语素质的提高以及教学成果的提高。

构建和谐的师生关系，具有非常重要的现实意义。它能提高学生的学习兴趣，为学生提供一个轻松的语言学习环境，减少学生的抵触情绪，加强学生的英语素质，提高教学水平。因此，教师要通过打造和谐的课堂氛围，积极转变自身角色，课上创新教学理念和教学方式，课下积极开展活动引导学生持续学习，积极加强自身素质，最终实现中小学英语课堂师生和谐关系的有效建立。

第三章 中小学英语学科课程与教材改革

第一节 英语课程总目标与阶段目标

我国的基础教育及其课程教材经历了二十多年的改革和发展，已经取得了丰硕的成果，为提高我国国民素质和造就成千上万的人才做出了巨大的贡献。英语学科作为基础教育的一个重要组成部分，在上海这个国际化大都市，其改革和发展——包括新课程标准的制定、课程体系的设置和教材的编写与使用等——一直走在全国教改的前列。本节将针对上海市英语学科的课程与教材改革，特别是高中英语的课程目标、课程体系与教材体系做重点介绍和分析。

一、中小学英语课程总目标

随着社会的不断发展，"地球村""信息高速公路"等新名词不断涌现，人们也切实感受着时代的高速发展和变迁。语言作为信息的载体和交流的工具，其在社会发展和人的发展中的功能和作用不言而喻。横向而言，在这充斥着各类信息的世界，获取信息的速度、筛选信息的精准及理解和使用信息的能力等，一定程度上决定了教学成败；纵向而言，语言伴随人一生，是终身学习、终身发展的工具，也是人类灿烂文化传承的媒介。

为拓展信息渠道，增强竞争力，英语已成为世界各国公民必备的基本素养之一。新课程明确，英语是一门集知识性、工具性、交际性和文化性于一体的基础课程。这样的定位，改变了多年以来"聋哑英语"的现象，并使提高学生的语言综合素养成为可能。

《上海市中小学英语课程标准》明确提出了高中英语课程培养的总目标，即高中毕业生英语基本过关，学生的英语综合语言能力达到本课程标准五级以上（含五级）的各项要求，乐于接受世界优秀文化的开放意识；持久的学习积极性，良好的学习习惯，学习英语的自信心。

上海市二期课改提出"高中毕业生一门外语基本过关"，能满足其今后学习、工作对英语的基本要求，这一新要求，使英语课程的培养目标更明确。何为"高中毕业生一门外语基本过关"？通俗一点讲，就是能和外国人进行交流，不仅能听懂他们的话，也能自如得体地表达自己的观点。学用结合、学以致用，不仅是课堂教学的基本要求，也是英语课程最终要达到的境界。曾经有多少人感叹，学了十几年英语，却发现课堂中所学完全无法应用于生活情景中，连填写一份英文的申请表、用英语与外国人进行日常的会话都举步维艰。这样的状况，使教育界不得不反思中国的英语教学。可喜的是，在层层推进的课程改革中，我们终于在课堂上听到了越来越多的纯正英语，也慢慢看到了学生在生活中找到使用英语的舞台。

能做到和外国人得体地交流，说起来容易，做起来并不简单。首先，需要足够的语言知识，包括语法、词汇、英语国家的文化背景知识，等等。可能有人会说，灌输语法和词汇是中国英语教师的强项，可问题的关键是：到什么程度学生才算掌握了语法和词汇？没有语境的语法学习，把语言学习公式化，没有操练的词汇学习，把语言学习变成了背诵字典。会背诵最多只能说明学生知道了这些语言知识，但知道和掌握完全是两码事。掌握，意味着必须会用；而会用，前提是在语言学习环境中体验、感受和领悟语言知识。在中国，英语仅仅是一门外语，虽然生活中接触英语的机会越来越多，但对于语言输入而言还是远远不够的。所以，这些语言知识特别是文化背景知识的获得，离不开一定量的阅读和视听，必须在学生主动且自然的学习和生活中习得。

其次，需要听、说、读、写等语言交际技能。听、说、读、写是学习和运用语言所必备的四种基本语言技能，是语言交际的重要形式，也是培养用英语来获取信息、表达思想和情感、保持社交接触的重要基础和手段。这些技能的获得，离不开日常的操练和体验。英语作为一门语言实践课，教师应该改变以往那种重语言输入（听、读）轻语言输出（说、写）的教学模式。要意识到，只有学生的思维量和话语量得到充分的保证，真正把听、说、读、写有机结合起来，才能有效地培养各种语言技能，提高综合运用语言的能力。课程标准提出了"学习过程的体验、良好的英语交际能力、团结合作的意识"等，也为英语课堂教学指明了方向：体验、互动、合作是有效的英语课堂教学不可或缺的要素，也是培养语言交际技能的合理途径。

再次，需要科学合理的学习策略。这是一个"授之以鱼"还是"授之以渔"的老命题。过去，我们比较重视学生的记忆能力和语言模仿能力的培养，而对学生如何学习语言则关注很少，这是英语教学的一大缺陷。在知识经济时代，知识的更新周期在不断加快，今天所获得的内容到明天很可能就已经过时，因此，教会学生"如何学习"远比单纯传授知识更为重要。我们知道，"教"的最终目的是为了"少教"甚至"不教"，也就是说，教师的任务不是手把手、不放手，而是为学生的学习提供"拐杖"，在必要的时候放手让他们独立行走。要做到这一点，就必须让学生知道如何学习，为其终身学习奠定基础。因此，学习策略的研究非常有必要。学习策略包括认知策略、调控策略、资源策略等，这些策略需要在学习和实践中不断尝试、体验和反思，最终获得。

最后，还需要积极主动的情感态度。曾有专家把情感动机作为语言学习的基本条件。这里所说的情感态度，包括兴趣、动机、积极性、毅力、自信心等，还包括学习习惯，自主学习、合作学习等学习能力以及接受世界优秀文化的开放意识，等等。教学经验和相关研究告诉我们，当学生处于某种消极的情感状态时，认知活动会自动停止，或不会产生实际效果。作为教师，义不容辞的是从学生的学习兴趣、生活经验、认知水平出发，通过教学内容、教学方法、教学手段等方面激发并维持学生学习英语的兴趣，鼓励学生主动思维、大胆实践，通过合理评价手段培养学生学习英语的自信心；还要在教学中唤醒学生的文化意识，尽量克服文化差异带来的误解，通过让学生有意识地接触异国文化、风俗习惯，了解语言文化的背景，体会文化的内涵，形成跨文化交际的意识。

总之，上海的城市定位和发展目标，决定了其外语教育必须达到世界一流的先进水平。为提高学生综合运用语言的能力，达成"一门外语基本过关"的课程总目标，必须认清语言知识和语言技能是语言运用的基础，文化意识是得体运用语言的保证，情感态度是影响学生语言学习和发展的重要因素，学习策略是提高学习效率、发展自主学习能力的保证，且诸要素之间必须均衡发展。

二、英语课程的分阶段目标

在基础教育阶段，年龄跨度决定了不同阶段的学生有不同的认知水平、心理特质和学习特点。根据学生身心成长不同阶段的特征和认知规律，以及英语学科自身的知识技能体系，《上海市中小学英语课程标准》分阶段规定了具体的"阶段目标"，即小学、初中、高中三个学段六个等级的阶段性目标。其中，一、三、五为基础要求，二、四、六为提高要求，从学生的语言能力和态度情感两个方面分层次描述。

小学是英语学习的启蒙和起始阶段，以培养听说能力为主，兼顾读写能力的培养。初识英语的小学生，对陌生的语言有着强烈的好奇心，必须把孩子的好奇心转化为持久的学习兴趣。所以，在小学英语教学中，歌曲、故事等活泼的英语表现形式随处可见。小学阶段的培养目标，从语言能力维度来看，小学毕业生能用英语进行简单的交际，即理解日常指令并能做出正确反应，在明确的日常情境中比较流畅地运用语言达成交际，就简单话题进行交流，并具有一定的简单书面文字表达能力。具体而言包括：在听的方面，能借助图片、手势等的帮助，听懂对话、小故事，听懂提问和常用指令等；在说的方面，能够有效地进行信息交流、观点表达等，语音语调自然；在读的方面，能有一定的猜词能力，能读懂常见体裁的阅读材料并根据不同目的获取有用信息等；在写的方面，能根据写作要求，收集准备素材，写出符合文体的有较强逻辑关系的简单文章。从态度情感维度来看，初中毕业生表现出学习英语的积极性和自信心，拥有通过一定方法解决学习中遇到困难的能力，大胆实践，乐于合作，初步了解中外文化的差异。

高中是英语学习的提高和过关阶段，侧重阅读能力的培养，兼顾听、说和写的能力的提高，培养综合运用语言的能力和持久学习的能力。高中阶段的学生，身、心两方面逐步走向成熟，人的社会化基本完成。这个阶段的学生，已具有稳定的学习动机和自信，学习习惯也已基本定型。高中阶段的培养目标，从语言能力维度来看，高中毕业生要有较强的英语思维能力，能运用英语应对真实语言环境中的交际，能自如获取各种媒体信息，说和写也能准确得体，也就是总目标所要求的"基本过关"。具体而言包括：在听的方面，能识别生活中不同语气所表达的不同态度，能根据自己的目的从各种途径获取所需信息等；在说的方面，能在日常人际交往中有效使用英语、恰当使用语调和语气表达观点、发表意见、进行评价、表达情感，并能用英语进行购物和咨询等；在读的方面，能识别不同文体的特征，理解不同材料的观点和态度，从各种媒体中获取自己所需信息等；在写的方面，能写出结构完整、语句通顺、文体规范、表达得体的文章。从态度情感维度来看，高中毕业生不仅有较好的自主学习能力，能运用各种策略有效检测、评价和调整自己的学习，还有良好的合作精神和较强的跨文化意识。

第二节　英语学科课程标准与教材体系

一、英语学科课程标准解读

课程标准是教材编写与审查、课程实施与管理、课程评价与考试命题的依据。2000年教育部调集了各学科的专家，启动了全国中小学各学科课程标准的编制工作。教育部根据上海的发展和功能定位，为了以科学发展观统领上海教育的发展，保持上海可持续发展的人才优势，同时对沿海地区和其他城市起到示范作用和辐射作用，同意了上海市教委独立编制《上海市普通中小学课程方案》和各学科的《上海市中小学学科课程标准》。

各路专家基于对上海英语教学情况的全面客观分析，进行了《上海市中小学英语课程标准》的编写。首先，他们客观评价了昨日上海的英语教学，在全国各省市是处于领先位置的；其次，他们正确评价了今日上海的英语教学现状，认为上海的英语教学现状存在三个落差，即上海的英语教学与西方先进国家在教学理念和教学方法上的落差、上海的示范性学校和一般学校在教学质量上的落差、上海的英语教学与上海城市定位之间的落差；最后，他们又明确了明日上海的英语教学发展方向，即要培养一门外语基本过关的高中毕业生，为他们的终身学习奠定良好的基础。基于这样的定位，《上海市中小学英语课程标准》(以下简称《课程标准》)出台了，具有鲜明的上海特点、时代特征和英语特色。

首先，《课程标准》具有先进的课程理念。它确立了学生在学习中的主体地位，关注学生的兴趣爱好、个性特长等发展特点；强调做中学，学生通过英语学习和语言实践活动，逐步掌握英语知识和技能，培养和提高语言综合运用能力，拓宽视野，获得知识，发展个性，提高人文素养和科学素养，为终身发展打下良好的基础。

其次，《课程标准》具有科学的学科定位。它明确指出，英语课程兼具知识性、人文性、工具性和实践性；认为英语学习水平是学生的生活要素，是公民终身发展的基本条件，是现代人基本素质的重要标志，所以，掌握一门外语是上海市民应该具备的基本素质。

《课程标准》对教学提出了切实的建议，为基层教学指明了方向，并指出了教学的五大原则：

第一，学生主体性原则。教师面对的是有思想、有情感又千差万别的学生，教师的教学必须以学生为本，为学生服务。在教学中，不仅要尊重学生的个体差异，还要重视学习方法的指导，培养良好的学习习惯和自主学习的能力，为实现外语课程目标不懈努力。

第二，语言交际性原则。语言最基本也是最终的功能就是社会交际。语言教学的目的就是使学生获得综合运用语言知识和语言技能进行交际的能力。所以，在教学中，要创设真实语境，贯穿师生、生生的互动，营造交际氛围和交际空间。

第三，习得与学得并重原则。英语是一门工具学科，具有很强的实践性。语言的掌握，必须在学习的环境中体验、感受、领悟大量语言素材，在学得和习得中获得语言学习的成功。

第四，技能训练阶段侧重原则。《课程标准》明确了小学、初中、高中三个学段语言技能训练发展的重点。小学阶段以听、说为主，兼顾读、写。可以采用丰富多样的听、说、读、唱形式，在学生接触语言之初，激发学习兴趣，养成学习习惯，培养乐于参与交际的意识。初中阶段全面培养听、说、读、写的基本能力。可以采用各种训练形式，让学生学会应用语言，并根据自身学习特点，提供自主发展的空间和选择。高中阶段侧重阅读能力，兼顾听、说和写的能力。采用听、说、读、译等方式，进行知识梳理，培养学生语言观察、语言分析、语言表达、语言思维等能力，基本达到语言过关。

第五，语言文化性原则。语言是民族文化的集中表现，离开了文化，语言就是无源之水、无本之木。语言教学中，要培养学生对多元文化的认同、理解、接纳。

对于教学评价，《课程标准》也提出了创新的意见，明确提出评价的综合性、全程性和多向性。所谓综合性，即评价可以通过口试、听力、笔试、演示等测试和非测试（竞赛、各项社会活动）等综合评价；所谓全程性，即关注学生的学习基础，对学生的语言发展过程和语言学习结果进行全程评价，而非传统的只注重学习结果的评价；多向性，即改变一贯的教师评价学生的单向方式，由学生、教师、家长、学校和社会共同参与的多向性评价。

此外，《课程标准》从加强教育科研、优化课程设置、开发教学资源、加强师资建设、创设学习氛围等多层面，提出了英语学习的有力保障措施。

相对于一期课改，《课程标准》在很多方面有了很大的突破和创新，不乏亮点。对于视听量、阅读量和词汇量，都做出了明确的规定，特别值得一提的是，首次提出了"视听量"的概念。

可以看出，《课程标准》对于词汇量、阅读量、视听量均有分层要求，具有开放性。这样，既确保了学生必须达到的基本要求，又为学有余力的学生提供了拓展空间，为培养多层次人才提供了可能。

此外，《课程标准》还首次明确，双语教学是强化英语学习的有力措施和必要途径，提出要积极、稳妥地开展双语教学，这又是一大创新。英语是一门工具性学科，这决定了它具有跨学科性，其与其他学科的交融、整合是科学的也是必然的趋势，因此开展双语教学是对外语学科教学的必要补充。

二、英语学科教材介绍

近一百年来，英语教学研究在全世界范围内开展得如火如荼，先后出现了语法翻译法、情景教学法、听说法、交际法、整体教学法、内容教学法、任务教学法等主要的教学理论流派。这些理论研究成果对英语教学实践起着重要的导向作用，对于课程设置和教材编写的影响也非常深远。如上海近年出现的一些双语教材，就体现了整体教学法和内容教学法的特点。下面针对各种高中英语教材，特别是上海高中英语教材做具体介绍。

（一）高中英语教材的发展

最初阶段的通用高中英语教材以语法项目为主要脉络编写。由于教学材料、教学方法、教师理念及素养等多方面因素的限制，虽然学生的词汇量和语法知识掌握情况不错，但交际能力没有发展，出现了"聋哑英语"的现象。

20 世纪 90 年代初，人民教育出版社与英国朗文出版集团有限公司继合作编写了适合普通水平的初中英语教材 JEFC(*Junior English For China*) 后，又于 1996 年开始试用了相衔接的高中英语教材 SEFC(*Senior English For China*)。SEFC 教材从指导思想到编排体系，体现了当时极具影响力的语言教学理论——交际教学法思想，以语言功能为纲，强调语言功能和意义的第一性，以培养学习者交际能力为目的。它改变了原通用教材中编排和组织内容的方式，从以"语法项目"为主要脉络改为采用"结构功能"的编写体系，从交际需要出发，按英语语法结构的繁简顺序安排语言材料，以便学生运用语法结构完成大纲中规定的教学功能。全套书围绕中外文化传统、风俗习惯、名人传记、传统节日、卫生与体育等 16 个话题选编语言材料，设置情境，通过交际性的活动进行听、说、读、写的训练，培养学生为交际初步运用英语的能力。教材的优势显而易见，但是，教材中的功能项目是孤立的，而且基于每个功能安排的教学活动也是彼此独立的，缺乏相应的内在联系。

这一阶段，在上海，新的统编教材也应运而生。该教材也采用结构功能编写体系，以结构为主，辅以情景，把交际功能贯穿始终；通过听、说、读、写基本训练，初步培养学生的语言能力和交际能力，高中重视听、说，加强读、写能力培养；每篇由课文、词汇表、课文注释、句型和听、说及阅读练习组成。新教材的使用，为改变教师的教学习惯和学生的学习习惯提供了载体，也初步矫治了过去外语教学中的"聋哑"现象。

随着英语教学研究的进一步深入，在新一轮课程改革的大背景下，新的英语教材又相继出现。中小学英语教学开始从"一纲一本"的模式，逐步向"一纲多本"的方向发展。即在上海一个城市，同时有两套教材在高中英语课堂上交相辉映。

时下，除了上海版牛津英语和新世纪英语外，还有人教版高中英语新教材、外研社版高中英语教材、北师大版高中英语教材、江苏译林版牛津英语……形成了一纲多本的态势。

以江苏译林版牛津高中英语教材为例。全套书共有 11 个模块：1—5 模块侧重全体学生共同基础，强调基础知识和基本语言能力的训练；6—8 模块是顺序选修教材；9—11 模块在 1—8 模块的基础上，进一步巩固和提高。模块与模块前后照应，既相互联系又相对独立，在难度上循序渐进，循环递进。每个单元由 7 个板块构成：Welcome to the unit、Reading strategy、Word power、Grammar and usage、Task、Project 和 Self-assessment。主要功能是：Welcome to the unit，通过活动激活学生与该话题有关的知识，激发兴趣，并为下面的活动做好铺垫；阅读中的 Reading strategy，配合主阅读文章的体裁、结构和行文特征介绍相应的阅读方法，帮助学生更好地理解所读文章，提高阅读能力；阅读后的一系列练习，有对文章细节的理解，有对文章深层意义的理解，再拓展到对文章中有关话题的 Task 和 Project 板块，让学生在体验、感悟、思考、运用中完成语言的学习。本套教材与其他教材一样，内容话题广泛而贴近学生生活；语言地道鲜活，情境逼真丰富。这样的教材，为激发和维持学生学习英语的兴趣、鼓励学生使用语言交际、培养学生的英语综合素养提供了广阔的舞台。

几十年来国内高中英语教材的发展，是可喜的。从学了十几年英语却听不懂、说不来，到中小学生能像模像样地与国际友人交流，其中，教材提供的学习材料、背后蕴含的教学思想以及暗示的教学方法所起的作用是不可替代的。

（二）上海高中英语教材分析

英语学科作为基础教育的一个重要组成部分，在上海这个国际化大都市，其改革和发展一直走在教改的前列。二期课改提出了"以学生发展为本"的课程理念，强调学生主动学习，真正参与教学过程，强调学生的大胆质疑和积极研究，倡导提供给学生更多的实践机会和表现空间，强调学习过程中师生、生生之间更多的互动和合作交流。新课程力图变"听"的教育为"说"的教育，变"静"的教育为"动"的教育，变"认知"的教育为"认知与情感统一"的教育，变"唯理性"的教育为"完整的人的教育"，将以知识为本的课程观转为以人的发展为本的课程观。

在这种理念的指导下，二期课改在一期课改"三个板块"课程（必修课、选修课、活动课）的基础上，提出了"多维功能课程"，包括基础型课程、拓展型课程和研究型课程。多维课程体现了基础性、综合性、选择性与开放性的特点。

20 世纪 90 年代末，上海市高中英语教材打破了统编教材一统天下的格局，两套教材采用先进的英语教育理念，坚持以人的发展为本和以培养学生的语言能力为基础。在教材中充分体现和落实素质教育思想，突出对学生综合语言能力的培养，力求提高所有学生的外语基础能力和综合语言能力，鼓励学以致用，帮助高中毕业生实现一门外语基本过关的目标，以适应终身学习、工作和生活对外语的基本要求。

1. 上海版牛津高中英语

牛津英语上海版，原版为用于中国香港、台湾地区和一些亚洲国家重点中小学的 11 年系列化教材 *On Target* 和 *Oxford English*。当时上海引进这套教材时，做了充分的调查研究和试验。经过一段时间的教学实践，第一版牛津教材的部分内容和编排显出不足之处，第二轮的改编工作开始。到 2009 年初，已经完成了高中所有教学用书和教学参考用书的改编工作。

牛津英语教材的编写体系为"building blocks"（模块建筑体系）。这套教材的基本立足点是把学生作为英语学习的主体，通过教学活动，使学生的语言概念、语言实践和语言能力在原有的"模块"基础上得到拓宽和加深，持续发展。教材十分重视鼓励学生使用规范的英语，在各种情景中积极参与"任务"和"活动"，从而体现语言学习的激励性、工具性和交际性功能。

从整体结构来看，整套书一共分成18个模块，其中高三两册书各含有一个选修模块；每个模块包含两个单元，选修模块包含三个单元。前四册书分别有两个实用英语(Using English)和一个课题(Project)，后两册书分别有一个实用英语和一个课题。每个单元分为四个部分：主阅读(Reading)、语法(Grammar)、技能(Skills)和补充阅读(More Reading)。模块内的语言材料围绕一个宽泛的主题展开，每个单元集中讨论该主题下的一个具体话题，单元内的各部分内容都围绕该话题展开。

从语言来看，本套教材是原版引进改编本，语言地道、真实、自然、接近生活，学生可以最大限度地贴近和实践真实语言本身。教材的语言以英国英语为主要依据，同时，部分语篇及实用英语让学生了解了美国英语的特色。整套教材突出语言的交际性功能，侧重学生听、说、读、写综合技能和实际交际能力的培养。特别是新改编版本，在本土化和语法的系统化方面有很大突破。

2. 新世纪高中英语

在上海市二期课改的大背景下，根据上海市教委制定的《上海市中小学英语课程标准》，本土教材《新世纪高中英语》应运而生。新教材经过一段时间的使用后，开始了改编工作；到2009年年初，也完成了高中所有教学用书和教学参考用书的改编工作。

本套教材也采用模块体系编写。和牛津教材一样，它也很好地体现了二期课改的理念，以学生的发展为本，强调以学生为主体，把培养学生的语言综合能力和适应学生终身学习、工作和生活对英语的基本要求作为出发点和目标。

就编写体系而言，本套教材采用了主题教学法(theme—based approach)与结构功能法(structural—functional approach)相结合的编写体系。从整体结构来看，整套书一共分成22个模块，每个模块包含两个单元。每个单元分为以下几个部分：主阅读(Reading)、语法结构(Structures)、听说技能(Listening and Speaking)、写作指导(Writing)、学习技能(Study Skills)和补充阅读(Additional Reading)。模块内的语言材料围绕一个宽泛的主题展开，每个单元集中讨论该主题下的一个具体主题，听、说、读、写技能的实践活动和任务型的教学活动均围绕该主题展开。

不难看出，两套教材的话题虽然表述方式不同，在内容的选择上同样体现了思想性、时代性、真实性和多样性，涉及现实生活、环境保护、热点话题、文学赏析等各个方面。

阅读部分，着力培养学生的阅读习惯和阅读技能，在各个问题和任务的设计中，让学生体验和掌握预览、扫读、略读、猜词、推断等技能，并在补充阅读中进一步运用；语法部分提供了充分的语境，让学生在语言中体会和总结语法现象；技能部分，从听到说到听说综合技能到任务完成，紧紧围绕单元主题，依托文本内容，训练学生的思维和语言交际能力；学习技能板块，培养学生积极运用良好学习策略的习惯，让学生成为有意识、有目的、有策略的主动学习者。所有的练习和活动都围绕主题，设计了符合生活实际的情景；活动和练习贴近现实生活，学生在完成每一项练习、参加每一个活动的时候均能接触地道的英语，感受语言的真实意义和具体运用，教材在体现语言真实地道的同时，充分考虑学生的实际英语水平，控制语言难度，保证语言的梯度，在语言及其情景的真实性和语言的难度之间找到最佳的平衡点。

3．两套教材比较

两套教材都是非常优秀的符合上海地区特点的高中英语教材。两套教材在编写体例和板块的名称上有所不同，但其背后蕴含的理念和理论是基本一致的。在语法知识和词汇出现的顺序上虽有不同，但仔细对比两套教材，我们可以看到它们有以下共同的特色：

（1）从一年级第一单元起，各册教材都贯穿了学生是学习和实践的主体的指导思想。教材的绝大多数内容都与学生的日常学习生活密切相关，使他们有一种熟悉和亲近感，有利于学生在学习日常所见的事物、讨论平时所接触的问题中，逐步提高和培养语言综合能力和终身学习能力。

（2）在教材编写上，都体现了主题教学法 (Theme based Approach) 的理念。主题的选择都非常广泛，涉及现代生活、科技发展、经济建设、国际文化、自然环境、文学艺术、全球信息等诸方面，在让学生感悟和学习语言的同时，也传递了大量信息，扩大了学生的知识面。

（3）倡导任务型 (Task oriented Approach) 的教学途径。在一个主题下，教师根据"任务"设计教学计划，让学生用"英语"做事，使学生通过大量的个体活动、结对活动和小组活动，获得语言运用的机会，体现了"做中学"的理念。这不仅增加了他们语言输入和输出的量，培养他们以语言为工具，解决专项任务（如调查、采访等）的运用能力，而且有利于学生的学习兴趣、热情和积极性的充分调动和保护。

（4）重视学习策略、培养能力、开发智力，在听、说、读、写的训练中，在技能、知识、情感、策略和文化素质的综合培养中，提高学生的语言综合能力。此外牛津教材提供的

"实用英语"板块、新世纪教材提供的"学习技能"板块，有助于学生学习策略的培养和终身学习能力的提高。

（5）语言材料的编排设计体现了科学性、灵活性和开放性的特点，考虑学生的英语学习规律和认知心理特点，编排科学，复现率高，体裁多样，练习形式活泼、开放。教材突出语言的交际性功能，侧重学生实际交际能力的培养。

（6）提供了可供师生选择的项目。无论在教学用书还是教学参考用书上，提供了打星号的模块、板块和教学设计。如牛津教材中，高三两册教材最后一个单元的文学欣赏，为选修内容；新世纪教材中，每一个单元中的任务 (task) 部分，为选修内容；牛津参考用书中，也提供了很多的可供选择的教学建议。这为不同层次的学生，提供了不同的发展空间。

（7）语法编写遵循了较严格的体系。两套教材都从常用时态、句子结构的复习入手，把非谓语、定语从句等高中阶段的重点、难点内容循序渐进分散在各册教材中。语法知识的呈现也都体现了感悟在前、总结在后、操练跟进，不脱离语境，使语法知识情境化的特点。

（8）语言作为文化的载体，两套教材在传递不同的文化、风俗、生活等信息方面反映了英语国家的文化，学生通过文化比较渗透文化意识，了解东西方的文化差异。同时，都把经典作品作为重要内容引入教材，新世纪教材出现在高二下学期，牛津教材出现在高三上学期。这样的编排，有助于学生在阅读经典中体味语言的美。

4. 教材的选择和使用

《课程标准》对教材选用提出了指导性意见：各级各类学校可根据各教育管理部门的指导意见和本地区、本校的条件和情况，选用合适的主教材和必要的辅助教材。本着不增加师生负担的原则，课标特别强调主教材只能有一套。

课程改革的关键是教师。教师是教材的使用者，更是教材二度开发的实施者。在教学中，教师不能单纯地完成教材内容，要区别"教教材"与"教英语"。教师有能力也有权力处理好教材，选择合适的辅助教学内容。在教学中，教师要做好课堂教学的组织者，认真备课、合理设计、勇于创新、认真实施、不断反思；要做好学生发展的引领者，调节情绪、激发热情、关注学生的"最近发展区"、促进学生语言能力发展；要做好师生互动的合作者，师生互动、配合默契、给学生创造合作探究的机会，留出语言习得空间；还要做好参与评价的激励者，以激励性评价为主，营造平等民主的学习气氛和宽松和谐的学习环境，让学生在愉悦的体验中得到综合语言能力的发展。

第四章　基于英语思维的中小学英语教学

第一节　语音、词汇与语法教学

本节主要从基于英语思维的英语语音、词汇及其语法教学三个方面展开讨论，从细节来说，将会涉及教学内容、原则、方法等。

一、语音教学

（一）语音教学的内容

语音教学是英语教学的重要内容之一，它一般包括整个语音系统，如发音知识、单音、字母、音标、语流、语调等几个方面。

发音和发音的各个器官有着密不可分的关系，因为每个人的发音器官都有着或多或少的不同，再加上发音的时候每个器官的震动或轨迹不同，都会造成发音的不同。因此，每个人发出来的声音都是不一样的，都是独一无二的。在语音教学中，教师应该适度地教学生一些发音知识，这样可以帮助他们理性地认识发音系统及自己在学习过程中的发音情况。

单音教学主要是指元音和辅音的教学。元音教学要区分前元音与后元音、单元音与双元音、短元音与长元音等，辅音又包括清辅音、浊辅音、摩擦音、鼻辅音、爆破音等。

字母教学包括字母的读、写等，因此，它与音标的教学是分不开的。为了避免英语字母与音标、字母及音标与汉语拼音字母及拼音的混淆，在教学过程中，一定要对它们进行明确的区分。这包括英语字母表、字母的名称、字母的读音、元音字母表、辅音字母表、字母拼读；音标包括元音分类表、辅音分类表、重音、次重音等。

语音教学主要包括重音教学、节奏教学、连读教学等。重音教学具体包括单词音节、开音节、闭音节、单音节、双音节、多音节、重音、句子重音以及重音在句子中的流动等。语言的节奏是指语速的快慢、高低、长短与停顿。节奏教学虽然不涉及英语单词语音的正确与否却决定了英语句子、段落、篇章的语音优美与否。相对于语音教学的其他内容而言，在中国英语语音教学中，节奏教学长期没有得到应有的重视，使得中国学生说起英语来给人的普遍印象是虽然正确，但生硬难听、缺乏美感。连读与失爆教学也同样重要，能否掌握连读和失爆技巧，将直接影响英语是否说得流利自然。关于连读和失爆教学，胡春洞提出了行之有效的听、写、读"三部曲"法，有兴趣的读者可以借鉴相关资料。

单从语调来说，可分为升、降、高、低、平等五个基本语调概念。语调教学要从单词语调和句子语调两方面着手。掌握好语调应用技巧，一方面使说话人的语音更优美，另一方面也有助于更有效地表达说话人的情感、态度和目的。

相对于英语语法和词汇教学内容而言，英语语音教学内容具有三个特点，分别是少而精、系统性强和显而易见。一般来说，前两个特点对英语语音教学实践会有很大的帮助，而"显而易见"的特点却对英语语音教学提出了更高的要求。这要从两个方面来讲，一方面从教师的角度讲，教师的语音教学效果如何通过学生的口语展示情况来体现；另一方面，从学生的角度讲，这也可以对其学习效果进行评价。

大部分中国学生的英语语音存在一个普遍的问题，那就是生硬难听、缺乏美感。造成这一现象的原因除了英语语音教学方法的问题之外，还与我国的英语教学评估体系有着直接的关系。这是因为我国的英语教学评估中并没有关于语音的评估，而只侧重于书面考试和笔试的成绩。其实这对我国学生学好英语是一个巨大的障碍。因为英语学习的最终落脚点是顺利进行交际，只有良好的笔试成绩，最基础的发音教学却如此不完善，这无疑会对交际产生消极影响。因此，我们必须改革中国英语教学评估系统，使之有利于推动英语语音教学。

（二）语音教学思维

说完语音教学的内容，我们来看一下语音教学过程中都有哪些方法可以使用。

1.模仿教学

在英语发音教学过程中，模仿教学法是一种行之有效的教学方法。模仿教学法的实施主要涉及以下四个步骤：听音、辨音、模仿和矫正。这四个步骤具体包括以下内容。

（1）听音。语音学习的第一步就是广泛地听，听英语是说、读和写的基础。因此，只有听力得以提高，才能使说出来的英语更加准确。因此，教师在教学过程中应该让学生大量地接触英、美人的地道发音，使学生熟悉其发音特点和规律。另外，最直接的方式是听教师的示范，因为教师是学生学习过程中接触最多的人，而且教师的发音示范更方便、灵活，能随时满足学生的需要。此外，在练习听音时，要保证听音的质量就要多听、听清、听准、听熟。

胡春洞把语音教学中的听分为三种：模仿性的听、辨音性的听以及熏陶性的听。模仿性的听是指以模仿为目的的听，要求学生静静地听，并在心中默默模仿；辨音性的听的目的在于训练学生对不同的语音进行比较和区别，包括元音、辅音、音节、单词、词组、重音、失爆、连读、语调等内容；熏陶性的听只是通过增加学生接触英语的次数，使学生在潜移默化中形成纯正的英语语音语调。在具体的语音教学中，教师应在不同的教学阶段根据教学需要灵活选用这三种听音训练，使其相互推进、相互补充，共同促进语音教学。

（2）辨音。在大量的听音练习之后，教师要适时引导学生进行辨音训练。辨音也就是根据学生自己平时听到的语音，判断对方读音中的错误。此时，教师可为学生提供一些语音材料，让一个学生朗读，并让其他同学判断这个学生发音的对错。这种方法可使全班学生的注意力高度集中，去判断其他同学语音、语调的正误，能有效地提高学生的辨音能力。

（3）模仿。听音、辨音的最终目的在于模仿，这是学生输出语音之前必做的一项功课，同时模仿也是检查学生是否听清、听准的最好方法。模仿阶段，教师可提供一小段语音材料让学生听，听完以后让学生模仿，可以将学生分成小组，派出代表来进行模仿。

（4）矫正。模仿不可避免地会有很多问题，教师的职责就是发现、指出并纠正这些问题。模仿矫正可通过对比、解说和图表手段来实现。教师还应告诉学生影响发音的因素，如牙床（开或合）、舌位（高低或前中后）、唇形（圆、扁或中常）、声带（振动与否）、气流逸出（是否受阻）、音（长短）等，并帮助学生找到正确发音的器官部位。

此外，教师在纠正学生的发音错误时不仅要耐心认真，还要注意纠错的策略，多鼓励、少批评，注意学生的心理效应，要善于发现学生的闪光点并加以肯定，使学生产生一种愉快的情感体验，最大限度地激发学生的学习兴趣，增强克服困难的勇气。

2. 听说和朗读结合

为了避免纯语音训练的枯燥乏味，教师可以尝试将语音训练和日常的听说、朗读结合起来，实行语音练习上的精泛结合，保证语音练习的效果。具体而言，教师要培养学生养成大声朗读的习惯，要求他们做到单词发音正确，句子语调合适。因此，教会学生掌握划分意群、适当停顿的方法，以及用适当的语调表达语境中的含义等成为语音教学的重要内容。

3. 归纳—演绎教学

在语音教学中，归纳—演绎教学法是指将符合相同语音规则的词语归纳起来进行集中教授的方法。这是一种分类的方法，可以使教学更有条理，更有利于学生提高学习效率。这些归结在一起的词既可以是已经学过的，也可以是生词，经过多次重复，可以使学生找出其发音的共同点和不同点，从而深化记忆。归纳可以多次重复，即同一个单词可以在元音、辅音、重读音节、非重读音节中多次归类。

除此之外，教师还应归纳总结英语单词重音规则和句子的语音语调，培养学生的语感，为以后的英语学习打下坚实的基础。归纳结束后，教师要及时运用演绎法让学生操练，通过练习加深印象。

4.交际语境教学

语音学习的目的是实现有效交际。因此，在学习过程中，提供相关的交际语境可以帮助学生更好地融入教学氛围中，通过角色扮演、辩论、采访、模拟和话剧表演等，使学生感受到如何在生活中用准确、恰当、流畅的语音语调传达自己的交际意图。这样不仅可以实现最根本的学习目的，还能给学生提供一个完整而有趣，但是又切合实际的学习环境，提高他们的学习兴趣。

需要注意的是，在这些活动开展之前，教师应使学生明确本次训练的语音重点，让学生在训练中加以注意。活动结束后，教师要及时对学生的表现给予反馈，对语音练习效果好的学生多表扬、鼓励，并帮助语音练习效果不好的学生纠正发音。

5.绕口令教学

传统的语音教学通常使用机械、枯燥的练习方式强化学生的发音，这种教学方法很容易让学生丧失学习兴趣。因此，教师可以尝试一些新鲜的语音训练方法，如绕口令训练法。适当编排绕口令是一种目的明确、富有趣味的语音练习形式。绕口令不仅可以训练元音、辅音，还能训练特殊的语音现象。

实际上，绕口令训练法实施的方式灵活多样，教师可以根据教学需要设计不同的教学活动，如教师可以设计比赛环节，激发学生争强好胜的心理，由此积极主动地投入语音学习。

二、词汇教学

（一）词汇教学的内容

1.词汇的意义

词汇教学的基本任务是要让学生了解词汇的意义。一个单词的含义往往受语境的影响，尤其是在课文中，受上下文的制约。词汇教学应通过各种手段使学生了解语义和语境之间的关系。因此，教师应有意识地引导学生，让学生了解，很多单词、词汇并非只有一种含义，否则一旦单词、词组发生变化，学生就会理解困难，具体情况如下例所示。

It's hard for a short - sighted person to pick up a needle from the ground.

Our school car will pick you up at the station this afternoon.

She picked up Spanish when she was living in Mexico.

She is picking up wonderfully since she came out of the hospital.

After a slow summer season, business began to pick up.

在上例中，pick up 是一个具有多种含义的词组，在不同的语境中有着不同的意义。上面五个句子按照 pick up 意义的常见程度递减排列，在第一句中意为"捡起"，第二句中意为"顺路接某人"，第三句中意为"（偶然中）学会，掌握某项技能"，第四句中意为"（病情）好转"，第五句中意为"（事情、生意）有起色"。

英语词汇学习的难点除了一词多义现象以外，同义词、近义词的学习也是难点、重点。这些词语的语义差别对非本族人来说难以觉察、容易混淆，因而澄清这些概念也是词汇教学的任务之一。例如，fight、struggle、battle、campaign、war、combat 都有"战斗"的意思，相互之间却存在细微差别，理解起来有一定的难度。对此，教师可在教学中及时归纳总结、比较辨析这类词语，及时给学生答疑解惑。

2. 词汇的用法

词汇用法包括词汇的搭配、短语、习语、语域、风格等。词汇的使用应注意场合。例如，cool 通常被用来形容凉爽，而这是在书面语中的常用用法，在口语中 cool 往往表示截然不同的含义。例如，That boy is very cool 中，cool 用来形容一个人身材或是长相很吸引人，意为"酷"。再如，hot 通常被用来形容热，而在口语 She is hot 多是用来形容一个人身材或是长相很吸引人，意为"她很性感火辣"。

另外，词汇的固定搭配在使用中也是要注意不能混用的。例如，我们可以说 go to school，go to bed，但是不能说 go to home。

3. 词汇的信息

词类、词的前后缀、词的发音和拼写等都属于词汇的基本信息，也是学生学习词汇时应该掌握的基本内容。下面主要介绍英语词的前缀和后缀。

夸克（Quirk，1985）等在《英语语法大全》中列举了 51 个英语前缀，分为九大类；50 个英语后缀，分为四大类。

（1）前缀

否定前缀：a-，dis-，in-（变体 il-，ir-，im-），un-，non-

反向或表缺前缀：de-，dis-，un-

表时间前缀：ex-，fore-，post-，pre-，re-

表数前缀：bi-，di-，multi-，semi-，derai-，hemi-，tri-，uni-，mono-

表方位前缀：extra-，fore-，inter-，intra-，super-，tele-，trans-

表方向、态度前缀：anti-，contra-，counter-，pro-

表程度前缀：arch-，co-，extra-，hyper-，macro-，mini-，out-，over-，sub-，super-，sur-，ultra-，under-

表贬义前缀：mal-，mis-，pseudo-

其他前缀：auto-，neo-，pan-，proto-，vice-

（2）后缀

①名词后缀。名词后缀主要有以下几种。

加在名词后表"人"或"物"：-eer，-er，-ster，-ess，-ette。-let 加在名词后表"人、民族"或"语言、信仰"；-ese，-ist，-an，-ite 加在名词后表"性质、状态"；-dom，-ery（-ry），-ship，-ism，-age，-ful，-hood，-ing 加在动词后表"人"或"物"；-ent，-er，-ee，-ant 加在动词后表"性质、状态"；-ment，-ation，-ence，-age，-al，-ance，-ing 加在形容词后表"性质、状态"。

②动词后缀。动词后缀一般加在名词和形容词之后，主要有：

-en，-ate，-ize(-ise)

③形容词后缀。主要有以下几种。

加在动词后：-ative(-ive，-sive)，-able(-ible)

加在名词后：-ful，-ish，-ly，-y，-ed，-less，-like，-esque，-ic，-al(-ial，-ical)，-ous（-eous）

④副词后缀。副词后缀主要有以下几种。

加在形容词后：-ly

加在名词后：-wise

加在名词或形容词后：-ward(-wards)

4.词汇的语法

不同的单词有着不同的语法特点，主要表现为词语拼写形式的变化和词语的接续规则等。词语拼写形式的变化有：名词的可数和不可数变化，可数名词的单复数变化；形容词的比较级和最高级之分；动词是否及物，及物动词的扩展模式，应接什么样的宾语，不定式还是动名词，能否接复合宾语，能否接从句等。例如，permit、allow、consider、suggest 等词后面不能接不定式，只能接动名词。

综上所述，要真正地认识一个词，不仅要了解词语的词义，还要掌握词语的使用场合、词汇信息和词汇用法。归根结底，真正掌握一个单词意味着要能够灵活地运用单词，否则词汇学得再多也毫无益处。

（二）词汇教学的原则

词汇教学的原则可以从以下几个方面来讨论。

1. 循序渐进原则

循序渐进原则要求，英语词汇教学无论在数量上还是在深度上都应质量并重，逐层加深。

质量并重要求词汇教学不能盲目追求数量，忽视学生掌握的熟练程度，也不能死抠个别单词，忽略词汇数量的积累。很多学生和教师都错误地认为，质和量是矛盾的，实则并非如此。词汇量越大，词汇之间的联系性、系统性越强，巩固和熟练程度自然就更高。因此，词汇教学应做到质、量并重。

逐层加深要求在词汇教学中，无论是长期的词汇学习还是某个具体单词的学习，学生都不可能一下掌握其全部知识点，都需要一个由浅入深的过程。因此，词汇的教与学切忌急于求成，教师应对每一个词的音、形、义，逐步审读，自然地推进和加深，避免一下拔得太高引起学生的不适应。

总的来说，循序渐进原则反映了词汇学习的客观规律性，符合学生的学习心理，并使学生容易适应词汇教学的要求，达到教和学的协调一致。

2. 目标分类原则

目标分类原则要求词汇教学要根据学生的需求确定词汇的学习目标。根据英语词汇学习目标，词汇可以分为以下三类。

（1）运用词汇。运用词汇是学生使用频率较高的词汇，但并不是在所有人中都使用率较高，不同专业、行业的人群使用的高频词汇并不相同。对于这类词汇，学生应熟练掌握其词义、用法，能够灵活运用。

（2）识别词汇。识别词汇是指学生在阅读中能够理解其词义，但不一定要掌握其用法、属性等的单词。对于这类词汇，学生只要了解其语义，能够辅助理解材料即可。

（3）过目词汇。过目词汇是出于语境的需要不得不呈现的词汇。对于这类词汇，学生只须在学习时看一眼就足够了。

由上可知，英语词汇教学不必也不可能让学生掌握所有单词，而应让学生结合自己的学习目标，有选择性地进行词汇积累，在掌握所需词汇的同时节省学习时间。

3. 情景性原则

很多时候，词汇的意义并不单纯是字典中呈现的那样，而要结合句子、上下文语境来理解其具体含义，体会其特殊的用法。然而，传统的英语词汇教学流程是示范词语发音解释词语构成、语法范畴——列举词语各种意义和用法造句练习。不难发现，上述流程始终围绕着词汇本身开展教学活动，容易使学生感到枯燥无味，不利于学生理解和掌握所学单词。对此，教师应注意结合语句情景教授词汇，使学生在情景分析下发现词语的语音特征，深刻理解词的含义，发现词的变化规律，掌握词的用法。

4.音、形、义相结合原则

每个单词都包含音、形、义三个方面，这三个方面相互联系、相互影响。这就要求教师和学生重视英语词汇音、形、义三者之间的联系，使学生对词的发音、外部形式和词义有更深刻的了解和认识，加深对词汇的理解和掌握。为实现这一目标，英语词汇教学应注意以下三个方面。

（1）形音联系。英语单词的发音有一定的特征，教师可分析词形、词汇特征，教授学生读音规则，使学生将词形与词音联系起来，并加以归类。

（2）形义联系。英语词汇的构成离不开词根、词缀，词汇教学中可将词根、词缀及合成词等构词法相关知识教授给学生，学生即可在遇到生词时利用构词法知识自行猜测词义。

（3）聚合关系。词汇之间存在同义、反义、上下义等语义关系以及词与搭配习惯，教师可对此进行分析，帮助学生掌握词语规律。

5.运用原则

学习词汇的目的在于使用。运用原则要求词汇教学应以运用为导向，以改变留在词语的表面孤立地讲授词汇知识的教学现状，努力为学生创造大量的使用机会，让学生在运用中加深理解，深刻掌握单词的意义、用法和功能，提高学生的语言表达能力。

词汇的运用应注意以下几点。

（1）鼓励学生建立词汇联想。

（2）为保证学生掌握词汇的效果，运用词汇必须符合学生特点。

（3）掌握词汇运用练习的节奏，确保运用练习的质量。

（4）根据赫尔曼·艾宾浩斯（Hermann Ebbinghaus）的遗忘规律增加词汇的复现率。

6.文化性原则

语言是文化的载体。作为语言的基本单位，词汇的词义、搭配、结构都受其所在语言文化的深远影响。在不同的语言中，看似概念意义相同的词语，其使用和意义存在很大差异。例如，汉语中的"知识分子"和英语中的 intellectual 虽然看似意思等同，实则其文化内涵是不等同的。在中国，"知识分子"包括教师，甚至是学生。然而在欧美，intellectual 则只包括教授等具有较高学术地位的人。由此可见，词汇教学不仅要教授学生词语的字面含义，还要引导学生探究词语的引申意义、文化内涵。

了解语言文化还有助于学生掌握词汇演变的规律，从而更全面、牢固地掌握词汇的意义和用法。例如，news（新闻）是由 north、east、west 和 south 每个词的首字母构成。即 news 是来自四面八方的消息。了解了这一点，学生就很容易掌握其含义。由此可知，文化性是词汇教学不可忽视的重要因素。

7. 回顾、拓展原则

回顾与拓展原则要求词汇教学不能漫长、盲目地"向前"讲授新词汇，而应注意"回顾"旧词汇，将新旧词汇结合起来，加深、巩固学生对已学词汇掌握的同时增进其对新词汇的理解。回顾过后，教师还应适当拓宽学生的知识面，增强学生对词汇的理解，提升学生的语言运用能力。需要注意的是，回顾与拓展在实践过程中应把握好"度"，拓展内容还应限定在学生的接受能力之内，回顾的内容则应适可而止，否则将会增加学生的负担，使课堂教学变得枯燥、乏味，引起学生反感。

（三）词汇教学思维

在英语教学过程中，可以帮助学生更高效地学习词汇的方法有很多，需要教师和学生一起去发掘，这里我们结合相应的事例简单论述其中的几种方法。

1. 使用直接法和间接法学习词汇

在聚焦意义的听、读活动中，应采用直接和间接相结合的形式教授和学习词汇。二语习得理论表明，语言习得的一个必要条件就是要获得丰富的可理解的语言输入，而在听、读活动中学习词汇意味着用间接的方法学习词汇，这是一种附带式的学习，要求学习者在听、读中根据上下文提供的线索推测生词的意义。这需要我们懂得如何使用相关知识和策略去达到目的。可是猜测是一回事，能否猜对是另一回事；且猜对是一回事，能否掌握其准确的意义又是另一回事。因此，为了核实自己的猜测是否准确，还得查字典、问教师、问同学，以落实自己的学习效果。

在操作上如何通过听、读活动鼓励学生附带学到词汇？要向学生提供生词率为 2% 左右的语言输入，生词多了不行。如果目的是要让学生复习巩固词汇，还可以向学生提供无单词或短语的新材料，聆听或阅读含有"旧"成分的"新"材料（或称为一种"i-1"的输入）可能会提高学生的学习兴趣和动力，因为他们不花力气就能明白材料的内容。

2. 使用词块法学习词汇

学习词汇时不但要记住词的发音、拼写、词的派生词，而且要记住词的搭配、词可使用的句式、词的短语、词在不同短语和搭配中的不同意义。词块习得的研究为我们看待和学习词汇提供了一个新的角度。英语的词汇有其特点，一些词可以与某些词一起使用，一些词只能用于某种句式。词在不同的短语或句式中可有不同的意义，因此，记单词时最好结合词的搭配、词的用法、词的意义、词的短语以及词可使用的句型，我们就会以词块作为单位，在大脑中提取，更能按英语为本族语者的习惯去使用词汇，也能保证词汇使用的正确性。我们可以以某种词块的形式来记住某些语法现象，我们还可以在教学词汇中做相关的科研，看看使用词块习得或研究成果进行教学的效果如何。

3.利用语言输出活动学习词汇

在说和写的活动中，特别是在聚焦意义语言输出的交际活动中巩固所学的词汇。说和写都是语言输出活动。根据斯温纳的语言输出假设，语言产生（语言输出或称说和写）在某种情况下构成外语学习的过程，有促进外语习得的作用。通过说和写，我们不但能练习词汇的发音、拼写及使用时要注意的规律，同时也会注意到我们是否能正确使用词汇、使用时会出现哪些问题、词汇的哪一部分问题我们还未能掌握，明确聚焦意义的说和写活动对词汇习得的作用。因此，教师应该让学生在课堂教学或课外练习中多多练习说和写。在说和写的过程中，教师可以要求学生使用某些词汇、短语、固定搭配和一定的句式，以使他们更注意词汇的形式、意义和用法。

三、语法教学

（一）语法教学的内容

在英语学习内容中，最具系统性的就是语法。英语语法的主要内容可以分为词法和句法两大类。词法又可以进而分为构词法和词类。构词法讨论不同的词缀、词的转化、派生、合成等内容，词类可以进一步分为静态词和动态词。静态词包括名词、形容词、代词、副词、数词、冠词、介词、连词、感叹词等。静态词并不是绝对不变的，如名词就有数、格、性等变化，形容词有比较级和最高级的变化。动态词包括动词以及直接与动词相关的时态、语态、助动词、情态动词、不定式、动名词、分词、虚拟语气等。

句法可以大致分为句子成分、句子分类、标点符号三大部分。句子成分主要包括主语、谓语、宾语、定语、状语、表语、同位语、独立成分等；句子的分类，可以按句子的目的分为陈述句、疑问句、祈使句、感叹句，也可以按句子的结构分为简单句、复合句和并列句。与句子有关的内容还包括主句、从句、省略句等。标点符号也是句法学习的内容之一，此外还有词组的分类、功能、不规则动词等。

学生在语法学习和使用中最感困难的是英语语法头绪太多，顾此失彼，这种情况要求语法教学必须有一个核心，以此作为整个语法知识和技巧发展的基点。而英语语法确实也有这样一个核心和基点，这就是从词法上看的动词形态变化和从句法上看的主谓基本结构；这种观点主张先抓住核心问题，再不断扩展，如滚雪球一般。例如，首先以动词与谓语之间的天然关系为纽带，通过谓语拉动与动词相关的一系列动态词法内容，并逐步扩展到主语、宾语、定语、状语、表语等句子成分与相对静态的名词、形容词、代词、副词、数词等词类的关系。

（二）语法教学思维

1.归纳法和演绎法

归纳法要求首先在一定的相关情节中提供大量的例句，然后进行大量的练习，最后归纳出语法规则。演绎法则直接以介绍和讲解语法规则为先，随后提出大量的例句进一步说明。中国英语教师大量应用演绎法，虽然他们有时也应用归纳法，但多数中国英语教师的归纳法与上述归纳法不同，他们更多的是直接在大量的范例后，在可能的情况下，鼓励并诱导学生自己从大量的例句中发现相关的语法规则，在引导出语法规则之后，教师才开始对语法规则进行描述和总结，随后才开始练习，其具体过程为"例句—规则—练习"。

归纳法和演绎法，虽无优劣之分，却各有利弊。一般来说，演绎法先是直截了当地将要讲的语法规则阐述出来，然后进行相应的练习，它的优势在于直截了当、省时省力、效率高、学生压力较小。因此，在课堂教学时间不足、学生学习压力过大的情况下，教师多用演绎法。但是这种方法也有一定的弱点，它的弱点在于，学生在未了解的情况下由教师全面引导，就像把教师的思想复制到学生头脑中一样，长此以往，对于教师灌输的语法知识，学生更多地依赖记忆，就会失去自己发现问题、解决问题的机会，进而养成消极的学习态度。

与演绎法相反，归纳法则是先给学生举例子，让他们自己从这些例句中发现语法规则，这样做的好处是，在日常的语法学习中，为学生提高发现问题、解决问题的能力以及培养学生类比、归纳等逻辑思维能力提供了绝好的机会，同时对学生也更具挑战性，因此更有利于培养学生的诸多积极要素，包括自信心、学习兴趣、学习主动性、竞争意识、个性张扬等。这种方法的缺点就是比较费时费力，在时间不足的情况下容易顾此失彼，而对于部分同学来说，会造成他们的压力，有可能会适得其反。

演绎法和归纳法各有长短，兼而用之，可以扬其长、避其短。但是空谈理论毕竟是行不通的，具体用什么方法还得根据实际情况来决定。如果教师喜欢用归纳法，但是学生感觉压力很大，这样的情况下，坚持使用归纳法就会造成学生巨大的压力，妨碍他们对知识的吸收。但是一味地使用演绎法，对学生的长期发展也是不利的，在学习中，还是要适当开发他们独立思考的能力。因此，最好的情况应该是归纳法和演绎法相结合使用。

2. 语境教学法

对于我国的学生来说，缺少外在的语言环境是他们学习过程中的一个很大困难。英语的学习要求听说读写各个方面全面发展，最终的目标也是要将其运用到实际生活中去，但是，在实际生活中，学生没有说英语的需要，没有说英语的对象，更没有说英语的意识。这就造成了学生在"说"这一环节的薄弱，这对学好英语、实现应用的目标是一个巨大的挑战。针对这种情况，教师可以巧妙地设计与学生实际生活相关的情景，创造语境来进行语法教学，即采用语境教学法。这种教学法不仅可以克服非母语教学的缺陷，还可以激发学生的学习兴趣与热情，从而实现有效教学。此外，创立一定的语境教授语法可以使学生很好地掌握相关语法知识和结构，并且理解语法在实际中的运用。

3. 任务活动教学法

任务活动教学法是以语法教学为中心，同时将语法教学融入听、说、读、写等各项任务活动中的一种教学方法，它能使语法教学真正地为实现交际任务服务。任务活动教学法并不等同于语法的任务教学模式，它只是语言训练的一种方式，而课堂操作未必遵循任务教学的理念。任务活动教学法的显著特点在于，训练和应用某一语法现象时往往可以采用多种方式，如讨论、调查、采访、海报、粘贴画制作等，而不仅仅拘泥于常规的训练形式。任务活动教学法可分为两种，分别是具有显性特点的语法活动和具有隐性特点的语法活动。下面我们来看看它们分别具备什么特征。

（1）显性语法活动。显性语法活动的任务内容为语法问题。如教师分别呈现一组错误的句子和正确的句子，然后引导学生对这两组句子进行阅读、讨论，并选出符合语法规范的正确形式，指出句子中的错误所在，最终将该语法规则的特点和注意事项等总结出来。

（2）隐性语法活动。隐性语法活动所设计的问题没有固定答案，教师可以向学生提供问题，然后让学生思考并讨论，学生可自由地表达看法，从而产生参与的积极性和学习兴趣，并在思想交流的过程当中逐渐内化语言规则。因为没有固定的答案，教师要鼓励学生积极思考和发言，培养他们独立思考的能力。

需要指出的是，教师在采用任务活动教学法开始语法任务之前，可先通过阅读或听力材料引入即将教授的语法点，向学生布置学习任务。然后学生根据教师的指示，完成语法运用的任务。在语法任务执行的过程中，教师还应及时根据学生出现的语法问题有针对性地进行纠正讲解和训练活动。

第二节　听力和口语教学

这一节对英语的听力和口语教学进行分析探讨。在英语学习中，听力和口语的练习是提升英语水平的重要步骤，同时它们之间还可以互相影响，共同提高。接下来我们来看看这部分内容都涉及哪些知识。

一、听力教学

（一）听力教学的内容

1.听力知识

听力知识的教学内容涉及语音知识、策略知识、语用知识、文化知识等。听力理解的首要任务就是进行语音解码，因而语音知识不仅是语音教学的内容，而且是听力教学的内容。所以，在英语听力教学过程中，教师有必要教给学生相关的发音、重读、连读、意群和语调知识。

对于听力理解而言，掌握一定的策略知识、语用知识、文化知识同样重要。缺乏一定的策略知识，学生就难以根据不同的听力任务选择适当的听力方式。缺乏相关的语用知识，学生将很难真正理解交谈双方的会话含义与意图，进而影响听力理解的质量。缺乏对目的语国家文化知识的了解，学生在听的过程中就会产生歧义，最终将无法理解听到的内容。

2.听力理解

听力理解包括两方面的内容，一个是对字面意思的理解，另一个是对隐含意思的理解。理解过程则主要由以下几个要素组成。

（1）辨认。辨认属于第一层次，主要涉及对语言、符号、信息等的辨认，它是后面几个层次发展和提高的基础。教师可以通过正误辨认、匹配、勾画等具体方式对学生的听力能力进行训练和检验。例如，将听力材料中的对话打乱顺序后呈现给学生，让学生根据听到的内容给句子排序。辨认也分不同的等级，辨认语音属于最初级的要求，而辨认说话者意图则为高级要求。

（2）信息转化。信息转化属于第二层次，要求学生能够将听到的信息转化到图、表中，这一过程涉及对信息的分析和书面输出。这个阶段要求学生可以在语流中辨别出短语或句型。这一层次又分为几个不同的层面，包括原信息转化和运用自己的语言进行转化。是否听懂听力材料，可以通过填图或填表来体现。

（3）重组与再现。辨认和信息转化层次属于信息获取阶段，所谓重组和再现就是要求学生将获取的信息用自己的语言重新组合，并通过口头或书面的方式重新将信息表达出来。在这一阶段，学生可能会对与某些话题相关的词汇不了解，因此教师在教学过程中应使学生大量接触相关词汇，并组织学生根据所填写的图、表进行复述练习等活动。

（4）评价与应用。评价与应用属于听力的最高层次，要求学生不仅要理解信息、转述信息，同时能够运用自己的语言对信息进行评价和应用。英语的听力练习并不是为了听而听，最终的目的是将其运用到实践中去，它是在为我们进行语言交流打好基础。因此，听力教学中力图达到的一个目标就是进行评价和应用，在实际教学中，评价和应用可以通过讨论、辩论等活动进行。在这个阶段中，有一个问题需要注意，就是随着题材、内容的变化，学生的听力往往还会回到前面几个阶段。要使学生在多数情况下成为这个阶段的听者，教师在教学过程中就要帮助他们不断吸收新词和新知识。

3.听力技能

学生要想完整、准确地理解给定的听力材料，除了须要掌握一定的听力知识之外，还须掌握一定的听力技能。听力技能包括很多方面，由于学生特点的差异以及教学阶段的不同，听力技能教学的目标也有所不同。

（1）辨音能力。辨音能力包括辨别音位、辨别重弱、辨别意群、辨别语调、辨别音质等，它是听力理解最基本的能力。

（2）猜测词义能力。猜测词义能力是指利用各种技巧猜测听力材料中所涉及的生词、难词等的能力。

（3）预测下文能力。预测下文是指根据已经听到的内容对还未出现的内容进行猜测和估计，从而确定事物之间的逻辑关系或发展顺序。

（4）理解大意能力。理解大意能力通常包括理解听力材料的通体意思，进而理解其要表达的主题和意图等。

（5）推理判断能力。推理判断能力是指借助各种技巧、通过推理判断，获取谈话人之间的关系、说话人的态度、意图和言外行为等非言语直接传达信息的能力。

（6）理解细节能力。理解细节能力指从听力材料中获取具体信息的能力。

（7）交际信息辨别能力。培养交际信息辨别能力是实施有效交际的关键之一，包括辨别新信息指示语、例证指示语、话题转换指示语、话题终止指示语等。

（8）记笔记能力。所谓记笔记能力是指学生根据听力要求选择适当的笔记记录的能力。恰当的记录方式有利于学生获取听力信息。

（9）选择注意的能力。选择注意的能力是指学生根据听力的目的和重点对听力中的信息焦点进行选择的能力。

（10）评价能力。所谓评价能力是指学生对所听力材料进行评价，表达自己的观点、看法的能力。

（二）听力教学的原则

对听力教学原则，我们主要从两方面进行讨论，即选择听力材料的原则和教师的教学原则。

1. 选择听力材料的原则

根据罗斯特选择听力材料的原则总结了以下几条具有指导意义的原则。

（1）相关原则。听力材料要与学习者的目标和兴趣相关联，要包括自我选择和评价。既然我们认知活动中最自然、最迅速的处理过程都是围绕着"相关"的事物展开的，那么在听力训练中就应该选取最相关的输入材料。

（2）真实原则。学者对"真实"的理解有不同看法，但大多数教师认为它包含几个标准：自然的语速；自然的语音语调；高频词；口语化，包含犹豫、口误、自我纠正等；面向真实的听者。

（3）文体多样化原则。传统上文体分为五类，分别是叙述性、描述性、比较/对比、因果/评价、问题/结论。罗斯特认为，学习材料必须包含学习者用目标语进行交流时可能接触到的广泛的文体和语篇类型。

（4）难度把握原则。语篇的组织、语言的使用都会影响输入材料的难易程度。罗斯特引用了布朗和他的同事的研究，提出评判认知难度可从以下六方面进行。

①语篇中的人物和客观事实（individuals and objects）的多少。②语篇中的人物和客观事实是否能清楚区分开来。③语篇中的空间关系是否简单。④语篇中的叙述顺序是否与事件发生的顺序吻合。⑤语篇中是否需要前后文必须联系起来才能进行推理。⑥语篇的信息是否清楚而非模棱两可，是否前后一致，是否与听者原有的信息匹配。

（5）简化原则。输入的简化目的是使听者更活跃，即能够启动听者的背景知识，有助于听者进行推理，并使听者更愿意对所听的内容做出反应。罗斯特认为可从两方面进行简化：一是限制性简化，指使用和强调熟悉的语言项目（词汇、句法、语音、语篇等）；二是详尽性简化，即丰富输入（如提高音调、重复或解释关键词句、变换句式等）以帮助听者减少理解障碍。

2. 教学的原则

针对具体的听力理解的教学原则，彼德森和罗斯特都做了论述。综合他们的观点，我们提出了如下五个教学原则。

（1）增强输入。足够的输入量是语言习得的前提，通过大量的听力输入，使学生接触大量真实的语言实例，辅以目的的任务，帮助学生习得语言。课堂上，要把听力的输入设计成学生学习语言的主要途径；材料的呈现通过"听"的形式进行；教师用目标语进行授课；师生、学生之间的互动尽量用目标语。如此才能创造一个听的环境。但是，课堂的时间毕竟有限，为了保证听的量，教师可以充分利用课外的时间，给学生布置一些课外的听力任务。

（2）精听和选听结合。精听是指要求准确地分辨出音、词、短语、语法单元和语用单元的听。尽管日常生活中并非总是要求精听，但一旦有需要便能进行精听的这种能力是听力能力的关键构成部分。听写是精听的经典活动，根据任务设置的不同，罗斯特总结了教学中可以采用听写的六种形式。

①听释。听释就是让学生在词汇、结构较复杂、信息量较大的情况下，不记笔记听完几分钟长的语篇，再单独或小组合作，完整和准确地重构语篇。②快速听写。自然速度和语音语调情况下的听写，训练学生集中注意力于语言的"快速"。③听写大意。听的过程间隔停顿，让听者写出大意，目的是训练听者表达的灵活性和听意义的技巧。④完形听写。听者听的过程或听后要完成相关的完形填空练习，主要是词和短语方面的，目的是训练听者对语言的注意。⑤纠错听写。提供给听者带有几处语法或语义错误的完整文本，让听者听并纠错，以训练听者对细节的关注。⑥线索听写。配对的学生各拿听力书面材料的一部分，互相读给对方听，让对方了解完整的内容。

选听是让学生训练选择性关注特定的信息的策略，不要求学生理解并记住所有的细节，因而比较接近于真实的交流环境。听者选听之前必须目标明确，清楚自己要重点选听的内容。各种单元内容中重点选听哪方面，教师在设计选听任务前先要给学生必要的指导。在选听过程中，记笔记是有效的辅助方法。为了培养选听能力，教师可对听者的笔记内容提出具体要求和指引，比如是记关键词语句子、主要观点、例证，还是记标题，等等。教师可以设置若干问题，让学生记录所听到的内容要点，听后再进行整理。这样的活动有利于听者集中注意力，监控管理自己的聆听活动，也有助于解决听力活动中听的时长与人的短时记忆和记忆容量之间的矛盾。

（3）促进上层技能与下层技能并重。对于听力理解过程，人们提出了自下而上模式、自上而下模式、相互作用模式等加工模式进行解释。上层技能是指在接受、处理声学信息时，利用背景知识，从篇章着眼，对信息进行预测、筛选、吸收、推理等高层次处理技能；下层技能是指处理信息时，注意力主要集中在单词、短语、句子等具体语言信息的听辨和识别的技能上。传统上比较重视下层技能的训练，而且研究发现，熟练地运用下层技能，是促进听者自动化处理声音输入的关键，受过语言形式方面的接受性训练的学习者比未受训者在信息处理速度上要快。因此，结合语音词汇的听辨训练、对语流的语法感觉和分析训练、熟悉各种材料的组织结构的训练，都有助于听力理解。

（4）多维的表现形式。利用多媒体等手段，多角度地呈现听力材料，能加强教学效果。将视频和音频结合起来可使学生处于声音和影像相互作用的语言环境中，从而达到强化学生听觉输入的效果，对不同语言水平的英语学习者均起到了积极的作用；多媒体手段能促进学习策略的使用；有助于听力词汇的学习、内容的记忆；在使用媒体辅助时，声、像、母语字幕、外语字幕、无字幕的组合不同，学习效果会有差异；幻灯片辅助教学会使学生更多依赖"读"而非"听"来完成理解任务。这些研究表明，在教学中有条件的话，要充分利用多媒体手段辅助教学，同时也要避免不合理地使用，以免带来负面作用。

（三）听力教学思维

1. 实用听力方法

听力教学效果迟迟得不到提升，一个重要原因就是听力材料的实用性不强，学生对听力材料不感兴趣。对此，教师可采用实用听力法，多给学生听一些与实际生活相关的材料，可以尝试下列这些实用的听力材料。

（1）听通知。出门在外，我们经常会在车站、机场等地方听到上车、登机、晚点等的通知。听懂这些通知对学生日后的外出、旅行十分重要，这就是生活中最实用的，也是最能引起人们注意的例子。因此，教师可以多给学生播放一些通知，教会学生掌握通知中所有的重要细节，帮助学生养成听的习惯。

（2）看电影。看英语电影是一种很好的学习英语的方式，很多经典商务英语电影也是中国学生追捧的对象。对此，教师可将电影应用于听力教学中，选取一些经典的英文无字幕电影，让学生一边看一边听电影中的对白。

（3）听新闻。与通知和电影相比，新闻的专业性更强，且题材丰富多样，因此，在听新闻的时候，学生可以不必掌握所有细节，只要理解大概意思即可。这就要求学生在听之前，掌握整个语篇的大致意思，听的时候要抓住其中的关键词。每天听一点，时间久了，就会成为一种习惯，就能够帮助他们的英语听力上升到一个新的高度。

2. 灵活练习法

（1）培养学生的预测能力。一般考试的时候，听力时间非常短，因此，预测是一项重要的能力，对学生听力任务的完成具有重要的作用。在听力开始之前，教师可指导学生利用语言知识、常识、背景知识、图片等来预测即将听到的材料，为后面的听做好准备。

（2）培养学生获取文章主旨的能力。很多学生对英语听力存在一个误解，就是他们认为听一段语音的时候一定要弄清楚每个单词、每一句话的意思，其实这样是不对的。在很短的一段时间内，如果我们不能保证听清每句话甚至每个单词的意思，却还要强迫自己去回忆的话，只会耽误后面的听力，无法全面理解文章的主旨，会因此得出错误的结论，顾此失彼。因此，教师要培养学生获取文章主旨的能力，在听力中，只要能够理解文章大意、掌握几个关键点即可。对此，教师应该为学生设计一些相关练习，培养学生快速获取文章主旨大意的能力。

（3）培养学生抓取细节信息的能力。听力不仅要求学生能够理解文章大意，还要能够把握文章的重要细节。因此，在英语听力教学中，教师还必须注意培养学生抓取细节信息的能力，如时间、地点、任务等。要实现这一点，教师可设计一些具有针对性的听力任务。

（4）培养学生的记录能力。听力不仅考查学生听清、理解的能力，还考查学生的记忆能力和记忆效果。我们在平时听讲的过程中，会跟随教师的思路，一边理解一边记笔记，这样既可以保证这节课的内容都学会了，还可以为以后的复习和巩固打好基础，防止遗忘。在英语听力中也是如此，有时一篇听力材料中包括的内容很多，对应的题目不仅数量多，题型也多，学生可能听的时候明白了、记住了，但过后可能又忘了。对此，教师应使学生养成边听边记录的习惯，并设计一些具有针对性的练习。

在上述内容中，我们论述了四种灵活练习英语听力的方法，在听力教学中，教师应根据实际的教学目标、学生特点等选择合适的练习方式，从而提高学生的听力水平。

（四）英语听力教学原则

听是人类的一项基本技能，在我们日常生活、工作和学习中起着非常重要的作用。通过听我们可以了解信息、获取知识、愉悦身心、陶冶情操。更为重要的是，我们依赖听来进行日常的交流。与听其他的声音信息一样，听外语也能使我们获取信息和知识，愉悦身心和陶冶情操。按照英语新课程的听力目标和要求，英语听力教学的任务是：培养单句理解能力，快速听准简单句的含义；培养语段理解能力，听懂小对话；培养语篇理解能力。为了完成这些任务我们在英语听力教学中要遵循以下原则：

1. 环境熏陶原则

首先，在课堂教学中，教师应尽量使用英语进行教学，并由浅入深地反复训练，在有限的时间内尽可能地让学生多听英语，多感受语言信息的刺激。运用英语授课还有利于学生集中注意力，锻炼其感知能力，培养想象力和思维能力。所有这一切能力的提高，必然对包括听力在内的整个学习活动产生积极的影响。

其次，在学习新教材前，教师应坚持让学生合上书本，听教师介绍课文背景知识及故事情节，然后听课文录音，并根据所听内容简要回答问题，最后再打开课文，这样能让学生养成仔细听的习惯。在听力训练中，教师应尽量多地提供表示所学内容的直观图像或教具，使听力教学情景化、交际化，培养学生用英语直接进行思维的能力，以排除母语的干扰。

2.重视技巧原则

在听力教学中，教师要注意对学生进行听力技巧训练，这是提高听力理解水平的有效措施。所谓"听力技巧"，包括语言技巧和理解技巧。语言技巧包括连读、弱读、失去爆破音的长度、句子重音、意群划分等。而理解技巧是指对所听内容的检索、预测、取舍等技巧。要教会学生听音时联系上下文，全面理解和把握讲话人的思路，捕捉其中的关键词语，正确分配自己的注意力，培养自己的短时记忆力，善于区别主要信息与次要信息，充分发挥自己的想象力，使自己的分析、归纳、综合能力不断提高。具体的做法是分步骤进行的：

（1）听力教学前

①预猜。在听录音材料前，教师有必要先将标题写在黑板上，好让学生根据标题分组讨论，并猜测该材料所述的大概内容及事情发展的过程和结果，使学生在心理上处于一种听录音前的准备状态。如果学生通过对标题的预猜能猜出说话者要说的话，他们就能更好地理解材料，这种预猜是学生根据自己学过的语言知识和思维逻辑对所听材料进行推测的能力。因此，培养这种能力是听前必不可少的一步。任何听力过程都先由预听部分设置语境，让学生先接触一下要学的语言知识以及与所听内容有关的知识，使他们怀有某种期待。预听还会唤起学生的好奇心，让他们的学习变被动为主动。

②完成听力之前要做的作业。

——看一下课文插图并猜测课文的内容。

——将插图按逻辑序列排列。

——阅读课文的提纲并说出该文讲的是什么。

——按课文的情节发展来排列提纲要点。

——听了课文的开头来猜测下文。

——听了对人物的简单描述，猜测课文的内容及交际者的交际目的。

——听了事情发生的地点、日期、人物名字后，猜测课文的内容。

——听了情景描述后确定交际者的地位，确定其交际目的。

——听了课文开头，根据背景音确定谁在说话。

这样，教师让学生浏览听力题干，明确听的任务，使学生"负重"，带着问题去听，提高听的准确性。

（2）听力教学过程中

要让学生精听、多听、泛听。要精泛结合，要泛听大于精听；精听是培养听的基本功，要做到精、细、准；多听可以进行复式听写；泛听要求面广量大。要给学生留听力作业并进行检查和定期测试，还要提倡、督促学生大量阅读、广泛阅读。具体地说：

①精听。在初听时，不少学生不能及时地领悟学过的词汇，很有可能会因为较难的材料或较快的语速使学生对听力材料似懂非懂，使他们无法在初听时完成对文章内容较全面的掌握。因此，让学生复听（精听）文章的细节，重点把握文章所提供的主要线索和事实，并根据文章的体裁、意思回答 who/whom/what/how/where 等问题，力求在泛听的基础上深化对材料的理解。

②泛听。学生带着任务听完文章后，开始从记忆中捕捉文章的主要信息，继而养成好的习惯——在听一篇材料时，不平均分配注意力，听关键词，抓主要线索。否则什么都想抓，什么都抓不住。学生可边听边记，记录材料中的人名、地名、时间等信息以便应付在细节上设点的问题。总之，这一过程，主要要求学生抓住文章的主线及关键词。

③检查理解。检查理解的方式有多种，如让学生编写文章的纲要、对主要事实做出回答、做多项选择题、直接对话、相互提问回答、复述、听写，等等。也可让学生分组讨论答案，通过讨论，他们互相补充、达成共识。如遇争论不一的问题，教师可让学生再听有关材料的相关内容，直到听懂为止。

3. 诱发兴趣原则

兴趣是学习的动力。对听力感兴趣的同学，课堂上积极主动，情绪愉快，听力效果必然好。教师在课堂上要创造一个轻松和谐的气氛，努力消除学生因害怕、沮丧、反感而产生的心理障碍，并不失时机地向学生介绍与听力材料有关的背景知识，如英美国家的历史、地理、文化风俗、趣闻等，这不但可诱发学生的听力兴趣，还可帮助学生正确理解所学内容。另外，还要采取灵活多变的听力形式，并把竞争机制引入听力教学，以激发学生的听力兴趣，调动他们的听力积极性。

首先，听前可进行热身训练，先放一首活泼欢快的英文歌曲或音乐，然后再放录音。注意学生表情的变化，适当调整放音速度和重复率。这样，就创造了良好的心理氛围，保证了学生情绪上的稳定和谐，在一定程度上起到了抵消语言障碍的作用。

其次，要突出学生的主体地位，发挥教师的主导作用。教师就像乐队的指挥，学生就像演奏员，在指挥棒的统一指挥下各尽其职，奏出一曲优美动听的乐章。所以听力课又是一门师生在语言舞台上协调合作的艺术。因此，听力课不能只是简单机械地放、听录音的过程，而应调动学生的兴趣和积极参与意识，使他们不感到单调乏味。活跃的气氛、高昂的情绪使来自录音的信息顺利地进入学生的大脑并迅速消化、吸收。

最后，要对学生的具体情况加以适当的个别辅导。如在复述课文时，可允许学生发挥自己的优势，用所掌握的语言知识来阐述自己的看法和不同的观点；如在选择正确答案时，也可采用抢答方式，看谁迅速并回答准确。而对一些在听力上仍进步不快的学生，应为他们选择合适的材料，课后加强训练，指出他们的不足，让他们能迅速赶上，这样就能使整个听力教学达到预期效果。

（五）英语听力教学模式

1.泛听模式

泛听模式是为了把握所听材料的整体意思，其成功的关键在于教师的课堂指导和练习题的设计。有关泛听模式练习题的设计应遵循以下原则：

第一，能够引导学生做好听前的预测活动；

第二，帮助学生在听的过程中将注意力集中在关键词、关键句上；

第三，指导学生根据所提供的线索克服听的过程中出现的障碍，进行有效的猜测、联想和判断。

例如，对于以下听力材料：

It was a beautiful spring morning.There wasn't a cloud in the sky,and the sun was warm but not hot,so Mr.Andrews was surprised when he saw an old gentleman at the bus stop with a big,strong black umbrella in his hand.

Mr.Andrews said to him : "I don't think so."

"Then are you carrying the umbrella to keep the sun off you?"

"No,the sun is not very hot in spring."

Mr.Andrews looked at the big umbrella again,and the gentleman said : "I am an old man,But when I carry a walking-stick,people say : 'Look at that poor old man's,and I don't like that.When I carry an umbrella in fine weather,people only say : 'Look at that stupid man.'"

对于这段材料，根据泛听模式的要求，可以设计三个问题，让学生在听前思考：

① Where did Mr.Andrews and the old man have the talk?

② Why did Mr.Andrews ask the question about the umbrella?

③ Why did the old man take the umbrella with him?

通过这三个问题的编排，不仅为学生提出了听的具体任务，也提供了在听的过程中可以追寻的线索：bus stop（题①的答案）、umbrella（题②中的关键词）、other peoples words（题③的答案）。这三个问题的答案正是故事的主要内容。

一般水平的学生如果做好了上述准备，在听的过程中就能比较容易地找到题①和题②的答案。水平较高的学生也可能会找到题③的答案。为了使全体学生都能领悟故事的幽默之处，通常情况下，还要针对问题③进行有选择的听。

2. 精听模式

精听模式一般是在进行了泛听模式之后，对所听材料从语言、语法、词汇以及语音方面做进一步学习的听力活动。教师要根据精听的不同任务，设计不同的练习题。精听的目的一般包括：一是引导学生发现和分析影响听力活动效率的原因；二是帮助学生充分利用所听材料进行语言、语音知识的学习与积累。这两个方面正是保证听力理解能力提高的重要环节。精听练习题要遵循以下设计原则：

第一，将学生的注意力集中到影响听力理解的语言点上；

第二，指导学生在理解的基础上学习新的词、词组和句型等语言知识；

第三，对词汇在实际运用中的连读等语音变化进行学习。

例如，对于以下听力材料：

If you find something wrong with the article you have just bought,you can go back to the shop where you bought the goods and make complaints,taking with you any receipt you may have.Complaints should be made to a responsible person.In a small shop,the assistant may also be the owner,so you can complain direct.In a chain store,ask to see the manager.If you telephone,ask the name of the person who talks with you.Otherwise you may never find out who deals with the complaint later.

If your complaint is just one,the shopkeeper may agree to replace or repair the faulty article.In certain cases,you may have the right to refuse the goods and ask for your money back,but that is only when you have hardly used the article and have acted at once.

让学生仔细听文章，根据读音写下不熟悉的单词，以锻炼对文章细节的把握能力，如将 article 写成 artikle，complain 写成 komplain，chain 写成 chan 也无妨，这种锻炼的目的就是看学生能否根据语音把握大致的词形。

基于这种目的我们也可设计另外一种形式的练习。列举文章中出现的一些难的、发音比较快的或连读、弱读的词或者词组，让学生仔细听，并猜测它们的具体意思，如 Article，Complain，Responsible，Direct，Chain，Faulty 等。

英语听力的每一篇材料中都会出现连读、弱读、失去爆破这种语言现象。这恰恰是学生在听力中不易把握的地方，不少题目就在这上面做文章，所以我们应有意识地加强学生在这方面的训练。

3. 选择性听力模式

选择性听力模式的目的是培养学生能听出一些具体信息的能力，尤其是从语言程度略高于他们实际水平的材料中进行信息选择的能力。这类练习题的设计原则如下：

第一，引导学生不仅从内容而且从结构上对所听材料进行预测；

第二，明确规定学生听的任务和目的及在听的活动中充当的角色；

第三，为学生提供克服障碍和捕捉信息的线索。

试以下面的短文为例说明具体操作：

The first of April is commonly known as April Fools Day.It' s a custom on this day to play a trick on a friend.You do this by causing your friend to believe something that isn' t true.If your friend falls into the trap,then he or she is an April fool.

This strange custom has been observed by both children and adult for centuries.Its origin is uncertain and may once have been cruel.But today the tricks and practical jokes are harmless and played mostly for fun.

Usually April Fool jokes are played on friends and colleagues.Sometimes they are also played on a wider scale.One serious national newspaper reported on a new machine.It could transport passengers from London to Australia in ten minutes.Another published a four page survey of a nonexistent island in the Pacific.And even on BBC television news there was an item.It showed a kind of Italian noodle being harvested from trees.

要想成功地运用好这个模式，需要为学生设计有利于他们进行预测和有助于他们将注意力集中到关键词上的问题，供他们听前思考：

① What is the topic?

② Do they do this by causing their friend to believe something that isn't true?

③ Who are jokes played on?

④ Who else are jokes played on?

⑤ Are they played on something else?

4. 四段法听力模式

四段法听力模式即采用"预听""倾听""听后练习""复听"四个阶段进行听力教学。"预听"具体指教师根据所听内容，利用问题、投影、图片、实物等进行的巧妙导入，从而引发学生听的动机。其中也包括背景知识的简单介绍、关键词解释和听力技能的指导；"倾听"指集中精力，全神贯注地去听。它包括"略听、精听"等环节，是输入、接收和理解的过程。"听后练习"是从学生口笔头反馈的信息，核实所听目标、要求达到与否，同时指导学生掌握弱读、连读、变音等要领及推测、判断等技能。"复听"，是在前三阶段的基础上，将全部内容复听一遍，以巩固前面所学的方方面面的知识，是一个巩固阶段。四个阶段之间的关系是互相交融、互相渗透的，其中"预听"是关键，"倾听"是核心，"听后练习"和"复听"是重点，贯穿于整个听力教学过程的始终，使主导与主体、教法与学法、知识与能力得到和谐统一。下面以"SEFC Book1A Unit 13 Lesson 49 A Day in The Life of A Slave"为例，具体分析四段法听力教学模式的实施步骤：

（1）预听引发动机。导入。可用图片导入，针对材料的特点、以讨论这4幅图片为切入口。也可采取从历史背景或单元主题说起导入新课，用一般疑问句提出一些问题，学生只需用 yes/no 来回答，如：

Could the slaves go to bed early and get up late?

Could they go to school like you?

Could they go home to see their parents if they liked,when they were sold?

（2）目标任务。在听前给出具体目标要求及检测题，以便学生心中有数，有所侧重（部分题如下）：

①让学生认真听，了解文章的一些细节，用选择疑问句或特殊疑问词引导的特殊疑问句来提问，学生只需用单词和短语来回答。

When does John get up?

When does he pick the cotton?

Do You think it rain a lot in this country?

Do you think the chickens are in cages or all over the farm?

②仔细听，捕捉文中细节，用正误判断或用完整的句子回答问题。

John was given his name by his father.

John's father was brought to America as a slave.

S1aves lose only their freedom.

③用听写来检验学生对细节的掌握程度。

I have to get up_____.It_____go to_____was_____.

Slaves from_____.They_____language.

倾听接收、理解。一般要求学生听三遍并做到：第一遍略听，针对练习中的 A、D

两项，捕获有关信息，了解内容，进行整体感知；第二遍精听、细听，听要点，听细节及关键词和特定词，听得出起床时间、所做事情等；第三遍侧重对疑难问题、句子进行对比、判断、分析，然后确定未定答案。

听后练习总结、提高。教师与学生进行口头交际，引导学生讲讲文中主人公的生活，检查听的效果。除此之外，还应指导学生掌握听的技能，引导学生从"I have to look for the eggs"中，推断出"The chickens are all over the farm"的结论，通过上下文猜出"boss"一词的意思是"奴隶主"。总结文中"a""the""that"等词的弱读、连读、不完全爆破及不完全爆破及技能。

复听重现、巩固。将整个内容复听一通，使学生将所听内容及所获经验放在听的实践中验证、融化、巩固，并享受听懂的乐趣。

（六）英语听力教学策略

作为学生听力训练的指导者，教师必须针对学生在听力训练中存在的困难，多方面入手，使学生对提高听力树立信心，消除畏惧心理。训练要有计划、有步骤、有系统地进行，什么阶段重点训练什么技能，应有明确的计划，不能操之过急。应从基本的听单词、单句入手，逐渐过渡到听较长的复合句、段落以至于完整的文章或对话。在基本掌握一种技能之后，再训练新的技能。

1. 听力材料的选择策略

（1）"真"听力材料与"假"听力材料。我们经常会遇到这样的问题，许多中国学生在学校里学了多年的英语后，一旦有机会到英语国家学习或有机会与英语作为母语的人交谈，他们却既听不懂，也说不出英语。这说明他们在学校里进行的听说训练并没有为他们做好与人交流的语言准备，他们所听的听力材料并不是真实的语言材料，而是"假"的听力材料。

自20世纪70年代以来，世界上便有了许多关于"真""假"语言材料及其应用价值的辩论。1986年，David Forman对"真"与"假"语言材料做了最精确的论述。他给"真"语言材料下了定义：如果一份材料，体现了真实的现实生活交流需要，而不是模仿现实生活交流需要，则这一材料是"真"语言材料。

他认为"真"听力材料的特征是：自然的节奏、发音、语调。对话者之间有一些话语的交叠，包括打断对方；正常的讲话频率，有时快，有时慢；结构相对松散的句子；不完整的句子，错误的开头，犹豫；背景声音。自然的开始和结束，比书面语言的信息量少。

值得指出的是，所谓的"真"英语听力材料只是一种相对真实的材料，但可以从一开始就使学生听到人们如何用英语进行真正的交际，这种语言材料使学生接触到的语言带有犹豫、重新开始、停顿、错误等真实语言的特征，同时还包括各种声音、各种语音、各种场合和各种方式的谈话。长期利用这种材料训练学生，将为他们今后真正与英美国家的人交往打下良好的基础。但是真实的英语听力材料听起来比较难，在学生英语程度较低时，教师可选择类似真实语言的听力材料。

在 David Forman 看来，"假"听力材料是对真实的现实生活交流的一种模仿。"假"材料具有以下特征：不自然的节奏，语调；过于清晰的发音；对话者之间没有话语的交叠；慢而单调；句子结构完整，像是在读而不是在说；没有背景音；人为的开始和结束；信息量大。值得注意的是，教师如果长期使用"假"听力材料训练学生，学生就不了解真实的语言特点，不知道如何在实际生活中运用语言。一旦他们有机会与以英语为母语的人交流，他们就可能听不进、说不出。

（2）"真"听力材料的标准。老师在给学生选择听力材料的时候，选材的标准一般不外乎以下七个：

难度。所选的听力材料既不能太难，也不能太易，应具有一定的挑战性，使学生听后有信心，又感觉学到了东西。

内容。听力材料的内容应当幽默诙谐、现实、有生活气息，能充分激发学生去探究知识、获取信息。听力材料如果有图片、地图、图表等其他直观材料，则比较理想，这些辅助材料能帮助学生理解听力材料，特别是比较陌生的话题。与此同时，这些辅助材料还能帮助教师设计听力任务。

时间。听力材料的长度一般在半分钟到 5 分钟之间。如果太短，不能给学生提供足够的时间熟悉听力的题材或说话人的声音和语调，信息量也太少；如果太长，则会对学生造成太大的压力、学生容易分散精力，感到烦躁。

材料的速度。我们应始终坚持一个原则：培养学生听懂正常语速的英语。如果语速过慢，则将失去语言本身应有的自然节奏与语音、语调，不利于培养学生听懂正常语速的英语。

材料的口音。听力材料的口音应具有美音、英音、加拿大音或主要英语国家的地方口音，这样才能为学生的适应能力打好基础。

真实度。听力材料越真实越好，真实的听力材料具有语言所应有的各种特征，只有用这种材料训练学生才能为他们今后用英语交流做好准备。

素材的质量。听力素材应当清晰量适中。

（3）如何选择听力材料：选听话题多变的材料。《课程标准》明确指出，学生应能听懂日常生活、文化教育、风土人情、时事、科普知识、演讲、报告、短剧、辩论等方面的内容，所以须选择由易到难、逐步深入的系列材料。选择时可以从短句到长句、从句子到短文、从短文到临场对话，逐步深入。例如，可使用华东师范中小学出版社出版的《听力入门》(*Step by Step*)。这个听力材料中有单词辨音、句子听写、短文理解等，语音原汁原味，题材变化多样，且按由易到难的顺序组织，适合作为听力辅助材料；又如我们熟知的《新概念英语》，选材幽默诙谐，句子由短到长，文章由浅入深、循序渐进，语音纯正地道，不失为学生泛听的好材料。

选听英文歌曲。英文歌曲是英美文化的精粹，也是不同历史时期的优秀产物。它经历了历史熔炉的锤炼，形成了不同的风格。适当地给学生介绍一些英文歌曲的经典作品既能加深学生对英美文化的了解，拓宽学生的知识面，又对提高他们的听力水平有一定的帮助。英文歌曲如能同课文教学结合起来，还有助于活跃课堂气氛，调动学生的学习积极性。

如 SEFC 中的"Country Music"一文讲到了美国著名乡村歌手 John Denver，他演唱的 Country Road，旋律优美，歌词感人。教学步骤可这样展开：播放歌曲—听记歌词—讨论歌曲主题—提供正确的歌词—教师简单解释歌词—回答学生疑问—再次播放歌曲—学唱歌曲。采用这种寓教于乐的方式，学生在不知不觉间就提高了听的能力。

组织观看英文原版录像片。每隔一段时间组织学生观看外语教学录像片，对提高学生的听力理解技能、增强学生对听力教学的兴趣大有裨益。考虑到大多数学生听力水平不高的实际情况，在选择片子的时候不要一味地追求名片、名著，而要尽量做到由浅入深、循序渐进，以适应大多数同学的需求，如选取《走遍美国》中"Follow me""look ahead"等贴近学生生活的片段。每次播放前，将背景、人物、剧情等有关材料印发给学生，帮助他们了解相关内容，以达到更好的视听效果。这样长期坚持下去，学生对英美社会的方方面面会有感性的体会。

教会学生收听广播新闻。广播新闻既可以作为英语泛听的材料又是听力考查中常出现的体裁，与报刊英语新闻不同，它有下列特点需要掌握：

①广播英语新闻篇幅一般比较短小，写法具体实在。经常收听广播英语新闻的听众可以发现，无论 Radio Beijing 还是 VOA，它的第一个节目是新闻节目，从新闻的具体编辑到播出，总是由短到长，由简明到详述，由报道到评论。例如，听众最先听到的是新闻提要 (headlines)，它相当于报纸上新闻的标题，一般只有一句话，以使人们对新闻有一个第一印象；然后是简明新闻，最后才是新闻评述，这些新闻都比较扼要简练，通常只有 15~30 分钟。

②广播英语新闻的谋篇布局一般符合人们的日常说话习惯。广播依赖听觉的特点，要求广播新闻在谋篇布局上有别于报纸新闻。我们知道，新闻最普通的结构是倒金字塔结构，要按照事实本身的重要程度安排叙述的前后次序。广播新闻一般也恪守这一结构的基本原则，但除此之外，它还要尽可能地考虑照顾人们日常听说话的习惯，在交代具体事实上，力求符合人们日常说话的方式。

③广播英语新闻的遣词造句简明、口语化。广播具有一听而过、转瞬即逝的特点，它面对的听众千差万别，文化程度高低不一。这些都要求新闻在造词造句上简单明了，尽量口语化。它一般很少用或尽量不用书面语，更避免使用任何技术性、业务性很强的专业术语。人们可以发现，电台里播出的英语新闻，句子一般都比较短，以主动语态的简单句居多，基本没有倒装句之类的句子；所用时态并不强求精确，像用现在时态代替将来时态，甚至代替过去时，都是较常见的；绝大部分的英语单词也都是人们日常生活中经常使用的。

④广播英语新闻充分运用音响效果，感染力强。采用带有音响的报道形式，是发挥广播的长处，增强宣传效果的重要途径。国外电台的新闻报道有相当一部分都是录音报道，如由记者在新闻事件发生的地点或现场做口头报道。在这种报道中，除了有新闻现场任务的讲话、典型的音响，记者还以目击者的身份，直接对现场进行描述和报道。这在 VOA 的新闻报道中是很常见的，它对听众有很强的可信性和感染力。

2. 基本功训练策略

（1）扩展背景知识。背景知识是指听者在听力材料所涉及的任务场景、主题的文化、风俗习惯、生活方式、价值观念等方面的知识。有时学生听出了句中的每一个词，却不知道整个句子的意思；听懂了全部句子，却不能理解整个语篇的意思，其原因就是缺乏相关的背景知识。而且在语言背后是思想文化上的差异，如把产生、发展和消亡的过程翻译成"the process of birth,growth and death"，美国人觉得言简意赅，形式优美；英国人却主张用哲学经典著作中 "the process of coming into being,developing and passing away" 的说法。背景知识的作用就在于，它能为听者提供判断、推理、猜测的依据。背景知识的积累除了听和阅读之外，更需要教师的介绍。

（2）丰富语音知识。语音知识是听力理解的基础,语音是听的物质外壳。每个音素、音节、词语、句子都不是孤立存在的，它们在一连串的语流中会发生各种变化。听者要结合一定的词汇、语法知识赋予这些音特定的意义。而且，不同的人，其发音的特征、讲话速度、方式、重音、语调都会有所不同，即使同一个人讲同一句话，由于重音、语调、节奏的变化，这句话的含义也会发生变化，代表的态度和感情也会不同。学生往往由于英语语音基础知识不扎实，常造成听力理解困难。因此，要丰富他们的语音知识。

（3）掌握朗读知识。如音节、重读、意群、连读、失去爆破等。如果长期读不准单词的发音，听音也肯定不会准确。如把"beat"发音为"bit"，把"fill"发音为"fail"、把"close"发音为"clothes"。再如在"I had to get up at six every morning"这个句子中，"get up at"应连读；而"six"是本句中最重要的一个词，应重读。除了掌握知识外，还应要求学生经常实践，如大声朗读以及跟读录音，让他们体会英语的语音、语调、重读、弱读、意群甚至韵律。

3. 听力技巧指导策略

听力技巧一般包括预测、猜测、判断、推理等。它是对已吸收的语言信息的积极思考加工，实际上也是一种认知策略。运用这种策略的主要依据有具体的话境、听者对题材与主题的熟悉程度和文中的语法逻辑关系。听话人要对所听的题材做出判断，判断它们是正式的演讲、报告、谈判，还是日常的交流、问候、打电话等。不同的人物，由于身份、相互关系、场合的不同，措辞的方式也不尽相同。听者不仅可以根据说话人的年龄及相互关系预测讲话的内容，也可以根据讲话的内容、场合等来判断说话人的身份，进而推断说话者的观点和态度。如果听者对谈话的主题非常熟悉，也就比较容易理解说话人的意图或言外之意。另外，文中的语法逻辑关系如比较、假设、因果、转折以及并列等，都具有明显的话语标志。比如听到"if"就表示条件假设，听到"however"就表示转折，听到"for instance"就表示举例论证等。对学生的听力技巧指导主要包括以下几方面：

一是听前浏览题目。在听材料前，抓紧时间快速浏览题目及选项，捕捉一切可以从题目及选项上获得的信息，同时预测内容，打有准备之仗。一般地，可以获取的信息有几个方面：每篇材料后有几个问题，材料的体裁。如"listen to the conversation, answer the question through 11 to 14"，这一段指令中提供两条信息：考生听到的将是一段对话，将就这段对话回答四个问题。

二是抓住首句。抓住文章的第一句，以了解其中心思想，因为第一句对整段话有概括或提示作用。有时短文第一句话可能只起到引出主题句的作用，因此要提醒学生特别注意信号词"however""but""therefore"等后面的句子。

三是带着问题听。听对话时要带着的问题有：对话双方的关系 (who are the two speakers?)，对话的主题 (What are they talking about?)，对话的时间、地点 (When and where dose this conversation take place?)。听短文时要带着的问题有：说话人的身份 (Who is the speaker?)，听话人的身份 (Who is the speaker addressing?)，说话的主题 (What is the Main topic of the talk?)，说话的时间、地点 (When and where is the talk given?)。

四是把握英语听力特点。要注意听力材料口语化，它不像书面语言那样严谨，其句子简短、重复率高、冗余信息比较多，经常使用 in other words，that is，I mean，that is to say，you know，listen，look，well，you see 等在书面语中不大见的词语。同时要注意语音和语调的变化。语音变化主要表现在连读、弱读、同化和失去爆破中，而语调变化主要表现为升降调问题。

五是边听边记。听录音时要养成记录的习惯，尤其是对于一些数字、人名、地名的记录，因为这些内容容易忘记。另外，记录时要会用一些特殊的技巧，比如数字可用阿拉伯数字记，地名、人名可记下个别字母做提示。

在对学生进行听力技巧指导时要注意避免以下问题：

（1）只听不读。要有效地提高听力，除了多听外，还需多读。这里的读指的是朗读。出声的朗读有助于改进语音、语调，增强语言感受能力。这对于感受说话人的感情色彩，提高听力理解很有好处。但教师往往注重听的训练而忽视了朗读训练。

（2）只听不讲。这里的讲是指教师的讲解，即必要的指导。教师通常只是提供听力材料，放录音，然后核对答案。不提供必要的指导，学生的听力很难有较大的突破。这种听力模式充其量也只能叫听力测试而不能叫听力训练。一般来说，听前应有个准备阶段，教师应介绍相关的背景知识，解释某些关键词，传授一定的听力技巧；听后应了解学生的听力情况，如典型错误、听的困难，并加以解决；此外，教师还应该做必要的总结，以助于学生吸取经验，避免重犯。

（3）边看边听。有些学生总喜欢一边看录音稿一边听，甚至有些老师对稍难一点的听力材料也让学生采用这种训练方式，这样做是不科学的。我们知道，听力是一个通过听觉输入信息的过程，如果再辅以视觉信息，势必影响听觉获取信息能力的训练，而且视觉信息往往先于听觉信息。

（4）急于求成。受应试思想的影响，有些教师在进行听力训练时总是采用高考题型，全是多项选择题，即人们常说的听力测试而不是听力训练。这样做并不利于学生听力水平的提高，因为学生听时往往只关注与题目有关的部分，没有认真听其他内容。这样做的结果往往是捡了芝麻丢了西瓜。而且，有些题目的设计也不够科学，学生有时可以从上下几个题目及其选项中推测出答案。在这种情况下，学生是不会认真去听的。

4.听力过程指导策略

(1) 听与说结合。听力教学的主要任务是帮助学生提高语言信息的接收和理解能力，而理解和表达是交际的两个方面，不能完全分离。因此听力教学应让学生在听懂的基础上围绕听的材料说，在说的同时提高其听的能力。具体的操作可采用如下模式：

听前问答。教师设计一些问题，让学生在听前进行思考、预测和讨论，激发学生的想象力。根据话题展开说的活动，既可交流各自的预测情况，又可帮助学生克服在听的过程中出现的障碍，从而降低听的难度。

听后解释。听录音前，教师对材料中较难理解的词、短语和句子不做讲解，只要求学生听后根据上下文进行有根据的猜测、判断和解释，这样既可检测学生听的能力，又能锻炼学生用英语进行描述和解释的能力。

听后回答。根据材料内容回答教师提出的问题，根据材料内容互相提问和回答。听后回答问题不仅能增强学生的口头表达能力，而且有助于教师迅速了解学生的理解程度。

听后讨论。教师可要求学生围绕所听的材料从各个角度进行分析和阐述。讨论题能引发学生的思考，这不仅加深了学生对所听内容和语篇结构的理解，还培养了其用英语阐述自己观点的能力。

(2) 听与写结合。听前听写。在听前有意识地让学生听写难点的词、词组或句子，为听时扫除障碍。另外，教师还可以有计划、有步骤地安排学生听写一些发音相近的单词以及一些有同化、强弱读、连读、省略音和失去爆破等发音特点的句子，以提高学生听的精确度和写的速度。

听中记录。不少学生能基本听懂材料的意思，但常常听了后面忘了前面，而且对内容的细节记忆不清，其原因是没有养成边听边记录的习惯。教师在教学中应训练学生边听边做笔记的能力，将材料中最能概括事情特征和本质的关键词，特别是有关的人名、地名、时间或数字等记录下来。

听后整理。听完材料后，要求学生及时整理笔记，具体内容包括符号、缩写的复原，遗漏部分的补充，材料要点和思路的归纳等。听后整理笔记的作用在于能充分利用短时记忆，将听时来不及记录但又十分重要的内容追记下来，使笔记更加完整和准确。同时在整理笔记的过程中，学生对材料的主要内容又默听或默读了一遍。这种加工整理的过程有助于学生对所听内容的理解和输出。

(3) 听与画结合。作为一种教学手段，"听与画"可用于描写性文章的听力。学生将所听到的描述用简单的图画表示出来，比如对公园的描述和对人物的描述。教师同样可以根据一幅图写一段文字，然后进行听与画的练习。听与画活动既可由教师朗读，也可由学生朗读。这种活动对学生写的能力要求不高，只要听懂即可，绘画的要求也不高，只要能将大体的位置、情节等表达清楚即可。具体操作步骤如下：

A. 选择题材、难度与所听的材料相近的材料；

B. 教师播放录音，或读给学生听，或由学生读；

C. 学生在听的同时完成绘画；

D. 学生相互比较对照自己所画的图画。

(4) 听与译结合。这里所说的听译是指学生听了英语后，口头或笔头把所听的语言信息译成汉语。听译的内容既可以是单词、词组，也可以是句子短文。听译是培养学生翻译能力的重要途径。因此，从学生开始学习单词起，教师就应对他们进行听译练习。先从听译单词、词组入手，随后逐步转向听译句子直至短文。在听译的过程中，如发现学生的汉语表达有问题，教师要及时指出并加以纠正。必要时，还可向学生介绍英译汉的两种基本方法：直译法和意译法。直译法一般学生容易掌握，而对于某些难译或需要意译的地方，教师必须向学生解释或提示，尽管每个单词都认识，却很难猜中它的准确意思。如在句子"His father is the breadwinner of the home"中，"breadwinner"的字面意思并不难懂，但要译准确还是不容易的。又如：

Every dog has his day. 人人皆有得意时。

Let your hair down. 别紧张。

Don't get worked up about nothing. 别大惊小怪的。

It takes one fingers to mend a dam. 国家兴亡，匹夫有责。

(5) 精听与泛听结合。精听，即让学生不仅要听懂文章的意思，还要听懂每一个句子、每一个单词。一般来讲，精听的材料应具有一定的代表性，应要求学生听多遍，了解所听内容及所听材料的体裁特点。比如通过让学生精听一则简单的新闻，了解新闻体裁的特点。在精听后，可让学生复述所听的内容，听说结合。因为从心理学的角度讲，口语活动往往能形成平等的信息交换过程，心理负担较小，学生能够轻松地听。精听的方式可以是静听录音，边听边记要点，核对答案，重放录音材料。

泛听，是指让学生听材料时不要求听懂每个句子、每个单词，而主要是抓住文章大意，一般较长的故事适合让学生泛听。在泛听训练中，尽可能地让学生多接触各种不同的听力材料，使学生熟悉各种语境，从而培养学生对英语的感知能力。

二、口语教学

（一）口语教学内容

1.语言内容

英语口语教学的语言内容涉及百科知识和经验。学生只有具备了丰富的知识，才能在交际中言之有物、言之有理。

2. 语言形式

语言形式包括语音和语调知识及运用、词汇和语法的知识及运用。语音和语调知识是指各种语音知识与发声技能，是口语教学的重要内容，包括音节、重读、弱读、连读、意群、停顿等内容。词汇和语法知识主要指口头交际任务完成所需要的词汇和语法知识及表达能力。语言形式教学要求语言形式准确、流利、多样。

3. 文化知识

英汉两种语言分别体现英汉两种不同的文化，要保证交际的得体性，学生需要掌握一定的文化知识，包括普遍适用的文化规则和不同文化之间的交际规则。一般来讲，文化对语言的影响和制约主要表现在两个方面，一是对词语的意义结构的影响，二是对话语的组织结构的影响。因此，在口语教学中，教师需要对这两方面的内容进行重点讲授。

4. 交际功能

交际活动是各种语言功能的实施过程。因此，交际功能应该作为英语口语教学的一项重要内容。在英语口语教学中，教师要引导学生掌握问候、邀请、建议、致谢、道歉、信息咨询、征求意见等各种交际功能。

5. 交际策略与会话技巧

语言学习的目的是进行交际，要想实现有效交际，学生需要掌握相应的交际策略与会话技巧。因此，交际策略与会话技巧成为英语口语教学中必不可少的内容。其中，交际策略涉及具体谈话中话轮的启动、保持、转变与终止策略，引起注意、表示倾听和理解、插话、回避、转码、释义、澄清、求助策略。会话技巧则包括各种前序列技巧，如前邀请、前请求、前宣布，以及失误补救技巧、析疑技巧等。

（二）英语口语思维

1. 口语材料激起对学生思维能力的挑战

口语教学既要有培养语言技能的要求，又要兼顾培养学生思维能力，因此说必须与读和听相结合。没有一定语言材料的输入，学生很难自行设想和讨论有深度的问题。学生在英语口头表达中，往往会遇到语言问题，即缺乏正确表达自己思想的词语或句型。另一问题是内容问题，即不知从何谈起。学生开口说之前，为他们提供一些可听可读的材料就能很好地解决以上两个问题。一方面从读或听的材料中，学生可以借鉴一些扩词句型及内容。另一方面适当的选材能激起学生想说的欲望，因此，选用的口语材料要新颖，既要有反映学生思维能力现有水平的文章，更要有对其思维能力具有一定挑战能力的题材。

2. 口语教学活动培养学生的归纳概括能力

在口语教学中，学生对一些问题产生原因的归纳和概括能力普遍比较差。因此在教学中教师应该有意识地采用分组或全班共同讨论的活动方式，让学生各抒己见，通过集体活动来培养学生的归纳概括能力。

3. 设定口语主题，提高学生的辩证思维能力

辩证思维能力是思维发展的较高阶段，它强调对问题思考的灵活性、多面性和深刻性。口语课上，主题设定得当，能有效地培养学生多角度看问题的能力。口语课堂中主题的设定，可以让学生有效地提高自身的辩证思维能力。

4. 更新口语教学观念，培养学生的创新思维能力

创新思维能力的培养，简而言之就是求异思维的培养。为此，教师要更新传统的口语教学观念，鼓励学生求新求异；在教学中，让学生自己选择课题，设计方案，收集相关材料信息，口头汇报结果，参与并掌控教学过程，真正成为课堂学习的主人。发现问题本身是创新能力的表现，学生课题选择的探索性、组织活动的多样性以及汇报方式的不定性，是培养学生创新思维能力的有效途径。

学生思维能力的培养不是自发的，需要在教学过程中积极有效地训练和培养。英语口语教学自身灵活多变的特点使其成为培养学生思维能力的一个很好媒介，但我们的努力不能局限于此。相信通过广大教师在教学中不断地摸索，广泛地积累经验，口语教学课堂将成为学生展现自己各种思维能力的绝佳舞台。

第三节　阅读和写作教学

本节主要讨论基于英语思维的英语阅读和写作教学，我们主要从教学内容、原则或方法、教学实践等方面进行探讨。

一、阅读教学

（一）阅读教学内容

英语阅读教学应帮助学生提高阅读能力，使学生能够运用该技能快速、有效地获得所需知识、信息。总的来说，英语阅读教学的内容主要包括以下几点：

1. 识别单词。

2. 猜词义。

3. 理解句子的交际意义。

4. 理解句子之间的关系。

5. 识别语篇指示词语。

6. 识别连接词，并据此把握文章各部分间的关系。

7. 掌握语篇的主要信息和观点。

8. 总结语篇主要信息。

9. 从细节和推展句中了解主题。

10. 将信息图表化。

11. 培养学生略读、跳读、寻读等阅读技巧。

12. 培养学生的推理技巧。

（二）阅读教学思维

1. 注重输入和激活相关背景知识

所谓背景知识，就是读者头脑中已有的知识，包括我们对客观世界的一些普遍的共识，如"春暖、夏热、秋凉、冬冷"的天气常识。还有我们对一些具体事物的了解和熟悉程度，如运动爱好者、天文爱好者等对不同领域的知识的了解，以及不同文化背景的人对目标语文化的了解，等等。阅读研究表明，介绍与阅读主题相关的背景知识对阅读有积极作用，其作用主要表现在以下几个方面：

（1）读者在回忆中激活了背景知识后，阅读过程中输入的信息通过与被激活的背景知识整合，能较快产生意义的理解。

（2）激发读者的兴趣，加强阅读的动机。

（3）若用目标语介绍相关知识，也能激活读者的相关语言图式（如熟悉相关词汇），从而帮助理解文本。

因此，在阅读准备阶段，应该着重介绍并激活背景知识。激活背景知识的常用方法有头脑风暴法、结构性写作、内容和语义映射和角色扮演等。

在正式阅读前，也可以通过预览来激活背景知识。比如浏览文章的目录标题、文中的插图或图表、文章的首尾段落、文章所附的注释或问题等，联想和预测文章的大致内容和主题思想时激活相关信息。

2. 培养阅读中的词汇处理及句法分析等下层技能

词汇认识是阅读理解的第一步，因此，词汇知识的掌握情况、词汇处理技巧的运用情况等都会对阅读理解有很大的影响。一些研究认为，对于外语学习者来说，要流利地阅读，文本单词的认识率要达到 95%，甚至高达 98% 左右；日常阅读如阅读短篇小说、报纸所需的词汇量为 5 000，学术阅读所需的最低词汇量则为 10 000，比日常阅读所需的量大得多。因此，阅读教学中要适当关注词汇知识的积累。教师也应该多多引导学生进行大量的自然阅读，从而附带习得词汇，扩大词汇量，最终促进阅读理解能力的提高。

当然，把阅读中碰到的生词全盘识记是不现实的，要想真正实现英语阅读能力的提高，学生可以将阅读中遇到的生词归类，如活跃类（阅读过程中出现次数较多的词汇）、抛弃类（一些不认识也不多用的生僻词）和接受类（介于活跃类和抛弃类之间的词语）等，这样就会明确需要记住的词汇，有针对性地记忆，更有利于提高阅读能力。

阅读过程中不能过于依赖词典，对于陌生的词汇，有时候可以尝试根据上下文去猜测它的意思。在阅读中，其实我们总是在进行句法分析，尽管阅读主要是提取意义，句法分析却是阅读理解必不可少的一个步骤。因此，在初级阶段的阅读教学中，句法分析仍然是一种非常重要的方法。

3. 训练阅读元认知和认知策略

关于阅读中使用元认知和认知策略的积极作用，国外有很多学者，如布朗，都进行过论述。针对中国学生的研究也证明，成功的外语阅读者能更好地使用元认知策略控制自己的阅读，完成阅读任务过程中也能更好地使用认知策略。潘黎萍具体探讨了元认知策略在二语课堂阅读中的可教性，其对照安德森提出的每个策略，认为习得理论都要经过陈述阶段、实践阶段和自动化阶段。实验证明，阅读元认知策略的训练必须理论联系实践。首先，教师应明确讲解策略，使学生对策略有清晰的认识；其次，让学生在阅读练习中体验如何使用策略；最后，通过大量阅读实践训练，促使被训练者的阅读元认知策略的运用逐渐由他控发展到自控，达到自动化。

4. 提高阅读速度

以英语为母语的一般读者，平均阅读速度大约为每分钟 300 个单词，速度快的可达到每分钟 800 个单词，而以英语为外语的学习者，每分钟的平均速度只有 120~150 个单词。怎样才能提高学生的英语阅读速度呢？针对这一问题，安德森曾经将二语学生分成实验组和控制组进行了为期 14 周的实验。实验组的学生通过阅读速度的训练后，阅读速度由原来平均每分钟 161 个单词提高到每分钟 275 个单词，效果显著；而控制组的阅读速度只是从每分钟 160 个单词提高到每分钟 167 个单词。尽管控制组的阅读理解成绩不像实验组一样有显著提高，但实验证明，可以通过训练帮助学生提高阅读速度而不会影响其理解。纳托尔指出，训练阅读速度，读者必须警惕三个错误的阅读习惯：默读、指读和回视；同时，必须训练学生以意群为单位阅读，而不是逐词阅读。

除了这些训练方法上的原因外，也有学者认为，阅读速度主要还是由头脑处理信息的速度决定的，因此训练速度不可能一蹴而就，而是一项长期任务。

5.激发阅读动机，减少焦虑情绪

美国学者克拉申（Krashen）针对第二语言习得提出的"监察模式"对外语教学的影响颇大。其中的"情感过滤假设"认为，学习者的学习动机、信心和忧虑程度构成语言输入的过滤器，左右着语言的输入。针对中国学生的英语阅读，很多学者一起做了相应的研究，支持动机和焦虑程度与阅读表现相关。安德森总结了一些学者的研究，认为较高预期回报和较低的预期付出努力能激发读者的阅读动机。

阅读教学的方法可以是灵活多样的。教师在了解了阅读的性质、对比阅读的不同模式之后，根据学生的实际需要选取合适的阅读材料、运用相应的阅读类别，采取有效的教学策略进行教学，学生的阅读理解能力必然能提高得更快。

除此之外，教师必须让学生明白，想提高阅读能力，最重要的途径就是大量阅读。针对课外泛读，教师应该给予学生较大的自由，选择自己感兴趣的内容、程度适合的阅读材料；也可以配合课内精读文章，要求学生就同一个主题阅读多篇文章，从而建立起相关主题的背景知识；同时要创造机会让学生涉猎不同类型的阅读。有经验的教师会建立班级图书馆，鼓励学生推荐和分享丰富多样的英语阅读书报，并让学生自己登记、监控阅读量，写阅读材料的概要、写阅读汇报、做口头阅读汇报、进行小组讨论或辩论等，作为阅读的目标任务，营造全体阅读的氛围。

二、写作教学

（一）写作教学内容

1.结构

结构是一篇文章的框架，也是写作的基础。英语写作时结构的安排需要考虑以下几个方面。

（1）完整统一。一篇文章的写作，势必是有一个中心思想的，一切事实、例子、原因等细节都必须围绕这个主题展开，使得文章看起来和谐一致、完整统一，文中不能有与主题不相关的内容。为训练学生写作的完整和统一，教师可采用专项练习的方式，如呈现一些含有不相关细节的段落，让学生发现并予以改正，加强学生在此方面的训练和意识。

（2）谋篇布局。写作不能急于求成，拿起笔来就写，而应该先谋篇布局、理清思路，在头脑中有一个基本框架，然后根据写作要求选择合适的拓展模式。在写英语作文时，因为不同题材或体裁的文章的布局方式不同，学生首先应该了解各种题材、体裁的文章具体是如何布局的，以免在行文时走错方向。段落结构一般以主题句—扩展句—结论句的方式呈现，篇章结构一般以引段—支撑段—结论段的方式呈现。在议论文中，主题句用来陈述作者的观点，扩展句用以说明顺序扩展细节、阐述原因，而结论句则用来总结或重述论点。说明文中，主题句用来介绍主题，扩展句以时间、重要性等顺序扩展细节、说明主题，而结论句用来重述主题、概述细节。

（3）连贯和谐。连贯和谐是指行文思路以及句子顺序等必须具有逻辑性，句与句之间应紧密地联系在一起，文章内容必须一环紧扣一环，流畅地扩展，使段落成为一个和谐连贯的整体。

段落篇章的和谐连贯离不开衔接词。使用恰当的连接词不仅可以把各句子有机地联系起来，使行文流畅，还能引导读者顺着作者的思路思考。因此，在写作教学中，连接词的专项练习必不可少。常见的连接词如下：

①表并列：and，also，or，etc.

②表转折：but，however，nevertheless，yet，etc.

③表因果：as a result，consequently，accordingly，since，so，thus，because，for this reason，etc.

④表让步：although，in spite of，since，despite，etc.

⑤表比较：similarly，equally important，in the same way，on the contrary，conversely，etc.

⑥表总结：therefore，finally，to sum up，in conclusion，in short，in a word，etc.

⑦表示时间、步骤：after，often，next，afterwards，before，finally，first，last，now，second，still，then，when，etc.

⑧表示空间、方向：here，there，next to，near，to the left(right)，in front of，at the back，in the middle，under，above，etc.

⑨表示解释说明：for example，for instance，such as，in fact，etc.

⑩表示进一步关系：besides，furthermore，what is more，moreover，in addition，etc.

衔接词的练习可采用"短文填空"等方式进行专项训练，加深学生的印象。

（4）语言简练流畅。除了上述几点外，简洁流畅也是写作结构所必需的。简洁流畅主要指语言要简练、明了，杜绝冗言冗语。

2.选词

单词构成句子，句子组成文章，所以，词语是构成文章的基本单位。同一个意思的句子可以由不同的词语组成，选用什么样的词语与作者本人的爱好有关，也是作者个人风格的体现，影响着作者和读者之间的沟通和理解。选词的范围很广，如概括词与具体词的选择、褒义词与贬义词的选择、正式用词与非正式用词的选择、拟声词的选择、形象词的选择等。学生写作选词时要全方位地考虑问题，不仅要考虑语域因素，还要考虑角色因素以及读者对象的因素。

3. 句式

一篇文章由各种各样的句子组成，如陈述句、疑问句、反问句、感叹句，等等，它们使得文章更加丰富多彩。因此，学生在写作时，不要只用陈述句，那样会使文章看起来太过单调乏味，也应该合理地应用一些其他的句式，为文章添彩。由于这些句式复杂多变，学生须多加练习方能运用自如。对此，教师可在句式写作教学中采用示范和讨论的方式，增强学生对句式的认知，帮助学生掌握正确的表达方式。

4. 拼写和标点符号

除结构、句式、选词以外，拼写和标点符号的使用同样影响着文章的表达以及读者对文章的整体印象。也许大家会说，标点符号只不过是文章中的一个小细节，不会影响整篇文章的展现。其实这种想法是错误的。尽管单词拼写和标点的使用属于写作中的细节问题，但细节决定成败，通过细节问题往往能够看出一个人的写作功底和写作素质，它会影响人们对这篇文章及其作者的感觉和评价。因此，在实用英语写作教学中，教师应帮助学生树立正确的拼写和使用标点的意识，培养良好的写作习惯。

（二）写作教学思维

1. 过程教学思维

写作过程教学法源于 20 世纪 60 年代，应用于第一语言的教学，经过不断的探索、实践和推广，一度成为当时最有影响力的教学方法。20 世纪 80 年代后，有学者将其运用于第二语言教学，主要运用于写作教学。过程教学法最明显的特征就是注重思维训练和作者的能动性，它强调思维的重要性和作者的主体意识。另外，在实践中，过程法强调实际交际能力和智能的培养，注重写作过程，提倡学习者的相互合作。

根据过程教学法的基本原则以及设计方案，过程教学法可以分为以下七个阶段。

（1）输入阶段。这一阶段是写作前的准备阶段，在此阶段，学生可以根据自己现有的知识结构选定题材、体裁等明确自己所要写的主题，然后针对这一主题列一个提纲，这样便于学生理清思路，合理组织篇章。

（2）写初稿。此阶段要求学生将自己的构思用语言表达出来，学生必须十分清楚心中的读者，以把握正确的写作方向。同时，学生应该明白，写初稿是不可能一蹴而就的，它必定要经历一个反复的过程，即使是初稿，也要经历构思、修改、再构思、再修改的过程。

此外，在写初稿的过程中，教师应该时时监控，一旦发现问题，随时与学生讨论。学生要明白，初稿的重点在于内容的表达，因此，教师首先要帮助学生形成主要的构思，至于其他的，如句子正确与否、选词是否得当等这些次要的形式问题则不必太过纠结。

（3）同学互评。把学生分成几个小组，每组 2~3 人，针对教师提出的问题分别对同学的作文进行评价，评价的对象只针对文章内容，不涉及形式。

（4）写二稿。写二稿就是在初稿的基础上，针对同伴的反馈意见进行修改。修改的方式不限，既可以是个人进行，也可以是小组展开。但是无论用哪种方式，文章的主题、内容、段落结构安排、文体、句型、语法、用词、表达等都必须充分注意，甚至细小到开头、结尾是否合理，细节是否典型、充实、条理，有无大小写、拼写错误等都需要注意。这就是二稿与初稿的不同，每一个细节都必须充分考虑。

（5）教师批阅。教师批阅包括对学生作文的描述、定义、一致性等因素所做的指导，并且配有相关的练习。

（6）师生交流。教师和学生进行一对一交流，交流的内容可以概括为两方面：第一，文章整体内容的交流。主要方式是学生向教师讲述文章大意，并回答教师在评语中提出的问题。第二，语法问题的交流。教师指出学生文章中的语法错误，针对多数学生都会犯的错误，教师要相应地设计补救课程，主要形式是首先进行语法规则的讲解，然后配合相关的练习。

（7）定稿。学生把从各方面得到的意见加以汇总，重新考虑修改以后，完成最终作品。

2. 结果教学思维

早期的英语写作教学理论主要来自经典的修辞学研究。直到 20 世纪 60 年代，英语写作教学的主要精力一直被集中在文学作品的理解与分析上面，其目的在于通过这些分析使学生掌握各种文体的特征和写作方法，从而能够模仿写作自己的作品，这种写作教学方法被称为结果教学法（product Approach）。详细来说，结果教学法是一个从句子入手，进而逐渐发展到篇章的教学方法，它着重锻炼学生的遣词造句能力，注重句子的组合和语法练习。这是一种基于句子层面的写作教学模式，它认为，优秀的造句能力是写好文章的基础。

结果教学法的一般过程可以分为以下几个阶段：

（1）教师讲解某一修辞手段。

（2）学生阅读一个作品。

（3）大家一起针对这一作品进行分析讨论。

（4）教师根据前面解释的修辞手段和阅读的作品给学生指定写作作业。

在这一过程中，教师有时会给学生提供写作作业的提纲或者范文，最后教师还要对学生的作业进行讲评。结果教学法被用于英语写作的教学之中，其重点也在写作成品上，强调语言的正确性、作文的结构和质量。

3. 体裁教学思维

体裁实际上是同一类型的语言活动，它有多种形式，每种体裁都有不同的语言特点。这些特点可以分为三个部分。

（1）交际目的的决定性。交际目的决定着交际内容，不同的交际内容会影响语篇的题材、结构、内容和风格。因此，可以说这一切都由交际目的决定。

（2）体裁的常规性。体裁是为其使用者所共同遵守的、程式化的社会交往工具，因此，各种体裁都有其语言社团成员所共同遵守的基本原则。

（3）同一体裁语篇之间的差异性。体裁并不是一成不变的，受各种因素的影响，同一体裁的语篇也会出现许多差异。

从 20 世纪 80 年代后期开始，体裁教学法得到了广泛的应用。按照体裁教学法，为了提高学生的写作能力，教师应该多向他们介绍一些将来在写作过程中可能会遇到的体裁形式，然后教会学生如何对每种体裁进行分析，最终达到熟练运用的程度。体裁教学法可以分为以下几个步骤：

（1）范文分析。范文分析是体裁教学法的一个重要环节，它可以帮助学生对这一体裁的形式和内容有一个更加全面的了解，为后面的写作打好基础。范文分析的重点是分析其"图式结构"，使学生从中体会到相关的社会语境、交际目的等信息。必要时可以向学生介绍和体裁有关的社会文化、历史、风俗习惯等背景知识，使学生对这一体裁有更加全面和具体的了解。这一步相当于体裁的讲解。接下来，当学生对该体裁掌握之后，教师可以选择几篇体裁相同、内容不同的文章来对学生进行锻炼。可以采用小组的形式，对体裁进行分析讨论，讨论内容可以围绕以下几个问题：

①这一体裁的交际目的和社会语境如何体现。②这一体裁有什么语言特征和意义特征。③这一体裁相关的图式如何。④这一类体裁有何共同之处。

（2）模仿写作。对体裁进行分析之后，基本上就可以知道这类体裁的文章是怎样的一个写作方式了，接下来教师可以通过与学生一起撰写这一体裁的文章，来锻炼学生的实践能力。当然，写作并不是一个照搬照抄的过程，它要经过阅读、研究、搜集和整理资料、写作等阶段，充分融合和渗透之后再进行写作，让学生在模仿过程中把这些结构特点和语言特点内化到其知识结构中。

（3）独立写作。模仿是为了熟练体裁的写作方式，在这之后，就要真正进行独立写作练习了，学生可以选择一个题目进行研究，然后结合体裁要求，写出文章。

（三）写作教学实践

1. "以读促写"写作教学实践

教学任务：阅读文章，写一篇关于节约和保护水资源的作文。

教学目的：通过阅读输入相关的语言材料，引导学生按照所提写作策略对材料进行加工，充分挖掘文本中的有效信息，为写作输出做好准备。

参与形式：个人、小组。

教学过程：

（1）让学生阅读一篇关于中国西南旱灾的时文，并分组讨论：What does the passage tell us ?

文章具体内容如下：

I was terribly moved and shocked when I watched CCTV-9 programme broadcasting the drought case in the southwest of our country this morning.In the programme，I saw pupils in Guizhou were thrilled to get one bottle of water per person.And the programme featured one of the pupils holding the bottle to her cheek happily like her dear loved relative.The pupils were so thrilled that some of them even cried when they got the water for drinking.

The reporter found some pupils hid several bottles of drinking water in their school desks so she asked why.The little girl who was interviewed said that she would bring them home in the weekend to give her parents to drink.The picture also featured in pupil's bags. Viewers could see that these kids saved three or five bottles of water for taking home in the weekend.

The moment I saw those pictures，my nose turned sour and tears came in my eyes. I used to have little feeling about the "drought" because I never experienced the case personally.We use water every day.We can't live without it.Take myself for example, drinking a cup of boiled water is the first thing I do after I get up every day，not because I am thirsty but because the water can make me fit.I think I will be crazy without water even for one single day !

I think the drought will be an unforgettable experience in their rest life for children in

Guizhou and it will teach people to save water in their future lives.

（2）抽取两三个小组汇报讨论的结果。

（3）学生4人一组，针对水资源缺乏这一问题，就如何节约和保护水资源进行讨论并用句子的形式提出建议。

（4）引导学生阅读另一篇关于保护水资源的文章，并要求学生注意文章的结构、用词，并找出主题句、过渡句和写得比较好的词或句子，为写作做好充足的准备。

（5）教师给学生布置一篇与水资源有关的作文，时间为30分钟。题目如下：

理解公益广告："If we don't save water, the last drop of water will be a teardrop."根据以下提示，写一篇不少于120词的文章。

①生活离不开水。②饮用水的数量在减少。③水污染严重。④应该节约和保护水资源。

参考词汇：water suitable to drink 可饮用水；amount 数量。

要求：①语言表达正确，要点完整。②运用段落展开策略，适当做些发挥。

（6）学生完成作文以后，将写得好的学生的作文贴在墙上，供班上同学参考学习。上述教学实践结合了中国社会的热点话题，就如何节约和保护水资源安排了一系列的读写活动。通过阅读，学生可以在整体上把握文章的结构、写作的思路以及语言组织的方式。这种以读促写、结合听说的策略不仅可以训练学生多元化的能力，还使学生的各项能力互相影响、互相渗透、互相促进。写作能力的提高是一个长期的过程，如何在日常的教学过程中充分利用教学资源来提升学生的写作能力，将是我们今后不断探索的问题。

2. "话题式"写作教学实践

教学任务：Write a composition about "Friendship"。

教学目的：通过各种概括性和总结性的练习任务，增强学生对文章整体的感知能力和写作能力。

参与形式：个人、2人、4人小组。

教学过程：

（1）教师首先通过一封书信引出今天的写作话题"Friendship"，也让学生对书信体写作的基本格式和内容有一个整体的感知。

（2）通过书信引出学生要讨论的内容。

Task：What kind of person do you can make friends with?Try to find out some adjective words to describe your friends.

（3）给学生布置任务，让学生4人一个小组进行互动，在布置任务的同时，教师要给予适当的提示。

（4）引导学生独立思考，并让学生开始搜集写作信息和素材。

（5）向学生展示范文，让学生仔细阅读范文，把握文章的整体结构、写作思路等。学生在写作基本要求和感知的基础上准备写作素材。

Dear Ivan,

Do you know the friendship is an important part of our life? If you do，why don't you find your real friend?As you know，no one can sail the ocean of life alone.

When you find the world is not as wonderful as you think it is，or you think that you are not a perfect person，please remember your good points.Try to imagine that you are a humorous man with lots of bright points，and maybe others will see you as you see yourself.Believe that smile at others and they will smile back.So，never lose your smiling. Never believe the tears；they can't bring anything to you，only sadness.When you think everything is great，and the happiness is just around the comer.See your troubles as Chances，and you will hear the voice of happiness.Respect others.Show everything to them and share your happiness with them.Love everyone by heart.Never complain about others or your life，because if you think there is something wrong，it's just you.Although you think it isn't.What the most important，cherish your friendship and cherish yourself.Never give up any one of them，forever and ever.

Everybody is a tree growing in the garden of life，and the friendship is the fruit from God.To be a happy and rich man，just like a child.

Best wishes.

Yours

Lucy

（6）依据范围和具体要求，学生仿写，教师对学生的写作过程进行监督，同时为学生提供必要的帮助。

（7）成文之后，先让小组内两人之间相互批阅，再在小组内收集错误的句子并展示给全班同学，由班上一名同学更正，最后由教师提出规范性的建议。

（8）最后学生对自己的文章进行重新整理，然后定稿，由教师批改。

以上教学活动选择了学生熟悉的话题，将写作与学生的实际感受联系在一起，使学生有事可写、有话可说，同时也使学生体会到了英语的实用性。不同层次的任务安排和设计使学生对单词、句子和语篇有了一个全面的了解，并使单词、句子和语篇不断生成，大大丰富了写作的素材。仿写和相互批阅的形式增加了学生接触英语的机会，也培养了学生合作互助的意识。

第四节 翻译教学

本节对英语翻译教学进行探讨，主要从两个方面入手，分别是翻译教学的理念及其教学方法。两者之中又侧重于教学方法的论述。

一、翻译教学的理念

翻译教学的理念我们可以从以下几个方面进行论述。

（一）翻译教学的先导

翻译理论是翻译课程的先导，理论的意义在于它对课程的指导作用，就目前的理论而言，不仅学派众多，而且理论繁杂。如果把不同学派的理论观点和相关内容全都搬到翻译理论中，不仅使人感到空乏，而且也不具备科学性。很多翻译理论都是传统的理论，多来自文学，相对来说比较缺乏实用性。据有关数据统计，翻译理论大部分运用于文学翻译，而在实用翻译方面应用很少。正是这种理论与实践的不平衡，导致很多人觉得翻译理论不切实际。

相比较而言，翻译功能目的论是比较切合实用翻译的。翻译功能目的论认为，影响翻译过程的因素有很多，但是最终起决定性作用的是译本的预期目的和功能。从目的方面来说，翻译目的又受到很多因素影响，如翻译委托人、译本接受者或者文化背景、情景的制约等，都会导致其目的功利化、现实化。目的和功能是实用文体翻译的依据和依归，而功能目的论的理论核心也在于目的和功能，两相印证，理论和实践有可能很好地结合。事实上，学校开设翻译课就是为了让学生在实际中能够运用，而从实践中，也能够看到，学生选择这门课很大程度上也是为了在相关考试中得高分或为今后实际工作而考虑。因而，如果用翻译的功能目的论指导学生的翻译课程将有利于调动学生学习的积极性和创造性。

（二）翻译教学的基础

翻译教学的基础是语言的对比，我们在学英语的过程中都有这样的体会，一旦脱离说英语的环境，我们总是本能地说中文，这一点对初学者来说更加明显。然而当我们有了一定的词汇量时，我们就会愿意说英语，但是在这个过程中，我们会把中英文进行对比，也就是说当我们有些短语不知该怎么翻译时，就会用中文的思维方式去翻译，比如20 世纪30 年代有人把"the Milky Way"硬译成"牛奶路"已成为翻译史上的趣谈。学生把"他的英语水平比我高"译成 He knows more English than I。之所以会出现这种汉化的英语，就是因为学生对英汉两种语言形式上的差异了解不清楚，造成了这种生搬硬套的结果。在两种语言的转换过程中，译文是对比或比附的产物。翻译课的目的是把不自觉的错误对比转化为有指导的对比，从而深入认识两种不同语言的异同。

语言对比的重点在于同中有异以及各有不同这两个方面。各不相同之处有很多，重要的如词序的不同、信息重心安排的不同、连接方式的不同，等等。以同中有异为例，在英汉语中均有介词，有时用法也是相同的，但是汉语介词多数从动词变化而来，有的到现在还难以确定它是动词还是介词，而英语的动词和介词截然不同。由于这一区别，英语介词在汉语中往往要翻译成动词。

（三）翻译教学的载体

通过翻译，可以清楚地看到英汉两种语言在表达方面的异同，翻译教学更是能够全面检验和提高学生英语水平的有效手段。课堂教学是翻译教学的载体，教师通过课堂可以尽量详解教材，并对知识、技能、过程、方法与情感、态度以及价值观进行相应的引导，而且可以对翻译课堂存在的问题进行及时的处理，因为只有优化翻译课堂，才能保证翻译课堂的有效性。

课堂教学应努力贯彻以实践为手段、以学生为主体的原则，大致包括五个环节：教师讲解、范文赏析、译文对比、学生练习和练习讲评。

1. 教师讲解。讲解的重点是以英汉语言对比为基础分析译例，提示技巧，把学生对翻译的感性认识提高到理性认识上。

2. 范文赏析。赏析的时候要选择有代表性的范文，如一些名人名译等，既能给学生带来赏心悦目的感觉，不让他们觉得乏味无趣，又有借鉴临摹之功。

3. 译文对比。选择同一原文的两三种不同的译文，让学生比较揣摩；不但比较译文的优劣，也可比较不同的译风，择优而从，见劣而弃。

4. 学生练习。学生的练习是对所学知识的复习和巩固，它们贯穿于整个教学过程，也是翻译教学的重要环节，包括课前复习、课内提问及课后作业。

5. 练习讲评。练习讲评多从两种语言特点的对比和分析着眼，从翻译思维中的一些具体障碍着手，不就事论事地纠缠细枝末节。

（四）翻译教学的主干

翻译教学的主干是翻译技巧。之所以这样说，是因为翻译理论和语言对比的学习只能让我们从科学的角度了解翻译的实质和原则，找到正确和完善的翻译思路，这是翻译的基础，也是非常重要的一点。但是要想真正将翻译做好，最重要的还是要勤学苦练，付诸实践。当然，在练习的同时，翻译的方法和技巧也是不可忽视的。一般这些方法和技巧是在总结前人经验的基础上完善起来的，因此，要达到熟练使用这些技巧的程度，首先要对其进行理解，其次要学会正确表达。例如，从句子形态上看，汉语由于修饰语、定语在前，结构重心经常提前，而英语句子的结构重心经常放在句末，把较长、较复杂的成分放在后面，因此翻译上常需调整词序。

（五）翻译教学的手段

翻译教学是以分析综合为手段的。在翻译中，我们会发现，对于同一个句子我们可以有几种翻译，语法结构都没有错误，可是肯定会有一个是最佳的。要想翻译精准，不仅要求译者头脑通达、清晰、锐利，还要求其有很深厚的文字功底。这样翻译出来的句子或文章才会思路完善透彻，语言清新、优美、简洁。

二、翻译教学思维

（一）直译法

直译法就是按照原文的字面意思直接翻译，这种翻译方法简单直接、方便易懂，要求也很简单，即不会引起错误的联想、符合译语语言规范。因此，它不仅保持了原文的内容，还保持了原文的形式，特别是保持了原文的形象、地方色彩等，因此是英语翻译中最常使用的技巧。例如：

1.Beef prices is almost ten times of that in 1978. 牛肉价格几乎是 1978 年的 10 倍。

2.In the afternoon，you can explore the city by bicycle. 下午你可以骑自行车游览这个城市。

（二）音译法

音译是根据词语的发音采用发音相同或大致相同的目的语词语来表达的一种翻译方法。在英语文章中，我们经常会看到一些在汉语文化中不存在的词语，在翻译的时候就可以采用音译的方法，根据它的发音进行翻译。这种翻译方法看似简单方便，却不是可以胡乱使用的。学生在遇到不会翻译的词语时，应尽量查找资料确认是否有相关词汇的翻译，而不是任意采用音译的方法，这样会造成译文的混乱。教师在教授音译法时，应告诉学生音译法的使用范围，即用于地名、人名、机构名称以及一些流行语的翻译，目的在于保留源语的异国风味，减少翻译过程中的文化遗失和语言误解，快速、准确地传播文化，同时丰富本国语言。例如：

1.Her diet restricts her to 1500 calories a day. 她的饮食规定限制她每天摄入 1500 卡

路里的热量。

2.We all know we are the product of our genes，what are all the steps from gene to us？我们都知道基因决定了每个个体，但基因是如何使我们成为现在的我们的呢？

（三）意译法

英汉语言各有自己的词汇、句法结构和表达方式，因此，有时候太过拘泥于形式是行不通的。意译法就打破了这种限制，当直接翻译原文不能表达其要表现的含义的时候，就可以使用意译法再现原文含义，它能用灵活的形式正确地表达原文含义。例如：

Nixon was smiling and Kissinger smiling more broadly. 尼克松满面春风，基辛格更是笑容可掬。

（四）反译法

翻译的目的就是使译入语的阅读者能够理解，因此，在翻译时需要根据译入语的表达习惯进行适当的反译。所谓反译，就是将原文的肯定形式译成否定形式，或者把否定形式译成肯定形式，也就是正话反说或者反话正说。反译法表现了英汉两种语言在表达否定意义时存在形式上的差异。

1.正话反说。

My parents count a lot on me，and I will live up to their expectation. 我父母对我期望很高，我决不会辜负他们的期望。

2.反话正说。

Don't lose time in finishing the task. 赶快把任务完成。

（五）转译法

转译法是一种涉及词类转换的翻译技巧。由于英汉表达习惯不同，译文中不可能每个词语的词性都与原文词语保持一致，这时学生不妨适当转换词性进行翻译。例如，把原文的名词转换为动词、把原文中的副词转换为介词等。常见的词类转换翻译有以下几种：

1.名词转译

（1）名词转译为动词。

The book is a reflection of Chinese society in the 1930s. 这本书反映了 20 世纪 30 年代的中国社会。

（2）名词转译为形容词。

The security and warmth of the destroyer's sickbay were wonderful. 驱逐舰的病室很安全也很温暖，好极了。

（3）名词转译为副词。

The new mayor earned some appreciation by the courtesy of coming to visit the city poor. 新市长又有礼貌地来看望城市贫民，获得了人们的一些好感。

2. 动词转译

（1）动词转译为名词。

Western people think differently from Chinese people. 西方人与中国人的思维方式不同。

（2）动词转译为形容词或副词。

More and more people dream of furthering their education abroad. 越来越多的人梦想去国外深造。

3. 形容词转译

（1）形容词转译为名词。

Steven was eloquent and elegant——but soft. 史蒂夫有口才，有风度，但很软弱。

（2）形容词转译为动词。

I feel certain of his finishing the task on time. 我确信他会按时完成任务。

（3）形容词译为副词。

We must make good use of our time. 我们必须很好地利用时间。

4. 副词转译

（1）副词转译为名词。

He is physically weak but mentally sound. 他身体虽弱，但智力正常。

（2）副词转译为动词。

Now，I must be away，the time is up. 现在我该离开了，时间已经到了。

（3）副词转译为形容词。

The sun rose thinly from the sea. 太阳慢慢地从海上升起。

5. 介词转译

英语中的部分介词经常翻译成汉语的动词。

His car barreled straight ahead，across the river. 他的车笔直向前高速行驶，穿过河流。

（六）增词法

增词法是在原文的基础上添加必要的单词、词组、句子，使译文更完整地传递原文的含义，并在语法、语言形式上符合译入语的习惯，从而使译文在内容、形式和风格三方面与原文对应。

1. 根据语法需要增词。

The students ran out of the classroom when the bell rang. 下课铃一响，学生就奔出了教室。（增加表名词复数的词）

2. 根据语义需要增词。

A new kind of aircraft——small, cheap, pilotless, is attracting increasing attention. 一种新型飞机正越来越引起人们的注意——这种飞机体积不大，价钱便宜，无人驾驶。（增加名词）

3. 根据文化需要增词。

The sunlit Censer Peak exhales a wreath of cloud;Like an upended stream the cataract sounds loud.Down it cascades a sheer thousand feet. As it the silver river were falling from Heaven！

《望庐山瀑布》李白（唐）日照香炉生紫烟，遥看瀑布挂前川。飞流直下三千尺，疑是银河落九天。（增加背景知识）

4. 根据修辞需要增词。

Any object of floating on or submerged in a liquid is buoyed up by a force equal to the weight of the displace liquid. 任何漂浮在液体上或浸没在液体中的物体受到的浮力等于其排开液体的重量。（增加重复性的词语）

（七）减词法

减词法要求省略那些存在于原文中但译出来颇显多余的成分。需要注意的是，减词法减词不减意，即在保留原文完整含义的基础上，将部分多余成分省略，从而使译文表达更加简洁、流畅。

1. 从语法的角度减词。

For this reason television signals have a short range. 因此，电视信号的传播距离很短。（省略动词）

Going through the process of heat treatment, the moulds become much stronger and more durable. 经过热处理后，这些模具强度更大，更加耐用。（省略名词）

2. 从修辞的角度减词。英语句子中，有些短语重复出现，还有些短语是成对出现的同义词、近义词，如果全部翻译出来，会使译文显得啰唆。此时就可以将这些词语省略不译。

He continued to order the stale bread never a cake, never a pie, never one of the other delicious pastries in the showcase. 他仍然只要陈面包，至于蛋糕、肉馅饼和柜台里其他

可口的点心，却从不问津。

（八）分译和合译法

英语是一种逻辑性强、结构紧凑的语言，因此长句的使用十分普遍。而汉语则是一种相对松散的语言，短句较多。因此，当英语长句翻译成汉语时，往往需要采用分译法，以使译文更符合汉语的表达习惯。

1. 单词的分译。单词的分译是指将原文中的一个单词译成句子，从而使原文的一个句子被译成两个或两个以上的句子。

It is understandable for him to go abroad. 他去了国外，这可以理解。

2. 短语的分译。短语的分译是指将原文中的一个短语译成句子，从而使原文的一个句子被译成两个或两个以上的句子。

The power increased with their number. 他们的人数增加了，势力也随之壮大了。

3. 句子的分译。句子的分译是指将原文的句子拆开，译成两个或两个以上的句子。

What can be easily seen in his poems are his imaginary and originality, power and range. 他的诗篇形象生动、独具一格，并且气势磅礴、题材广泛。这是显而易见的。

与分译法相反，合译法是根据原文的句义、主次、逻辑等关系，将原文中两个或两个以上的词语或句子合译为一个单词或句子，从而使译文逻辑更加清晰、内容更加紧密的一种翻译方法。合译法的使用能使表达更加完整、紧密。

Sometimes she tried to get her husband to let up on her boy but at other times she, too, swung the paddle. 有时候她设法说服丈夫不要对儿子那么凶，可是有时候她自己也动手打人。

（九）套译法

英汉语言尽管差异巨大，但对某些事物的认知是相同的。因此，英汉语言中存在一些语义相同或相近、说法相同或不同的成语、习语等。这些表达的翻译就可以采用套译法。

Many hands make light work. 众人拾柴火焰高。

可用于翻译教学中的方法还有很多，有很多是前人总结的，也有很多是大家正在尝试的新的方法，笔者无法一一论述，有兴趣的读者可以参考其他资料。

第五节　文化教学

一种语言承载着一种文化，文化的博大精深影响着语言的特色。因此，我们在学习英语的时候，一定要深入了解它背后的文化，它将会为我们学好英语打下坚实的基础。

一、文化教学的内容

说起英语文化教学的内容，我们主要可以从言语文化内容和非言语交际文化内容两方面着手。

（一）言语文化内容

1. 与语音有关的文化内容

语音是语言的三大重要因素之一，是语言学习中的重要内容。一种语言的语音在语言学习中具有重要的作用，一方面可以显示出说话人的文化特征；另一方面可以保证使用该语言的人能相互交际。因此，语音所体现的文化，也是英语文化教学的重要组成部分。不同文化影响下的人们说话时的语音也是不同的，从他们说话的语音中就能看出来他们所生活的地域的特征及其社会地位的特征。就拿美国人和英国人来说，美国人讲话时习惯慢吞吞地拖出声音，或者多带明显的鼻音，而英国人则没有这一特点。英国的皇家贵族、上层人士，无论在什么地区都把讲 RP（received pronunciation）当成自己社会身份的象征，因为这种发音在历史上有 King's English（国王英语）、Queen's English（女王英语）、Oxford English（牛津英语）之称，而老百姓则大多喜欢讲地方方言。如果让皇家贵族说老百姓的语言，或者让老百姓说皇家语言，都会显得格格不入。因此，不同地域、不同身份的人所说的语言都有着相应的特点。我国学生有必要学习英美的语音文化，学会通过语音识别一个人的文化背景，从而有助于跨文化交流的顺利进行。

2. 与词汇有关的文化内容

词汇是意义的载体，而意义体现文化的内涵和差异，因此通过词汇可以表现出鲜明的文化色彩。同时，词汇是语言中最活跃的成分，也是文化载荷量最大的成分。所以，教师在英语教学中进行文化教学时，必须对那些蕴含文化内涵的词汇，即文化词汇给予重视。

在英语教学中，某些词语所承载的文化内涵是词汇教学的重点和难点。例如，Hello/Hi/Sorry/Pardon 等词虽然形式上极为简单，但是如何得体地运用这些词让学生感到非常困扰。再有，受不同文化的影响和熏陶，英语和汉语在词汇意思上的理解也有很多不同之处。例如，"green"一词在英语中有"忌妒"的意思，而在汉语中，人们习惯用"红眼"来表达"忌妒"的含义。所以说，同一词汇在不同的文化背景下有不同的语言解释。因此，在英语教学过程中，为了帮助学生更好地理解词汇的含义，必要时可向其介绍相关的文化背景知识，通过了解文化内涵，加深对词汇含义的理解，进而得体地使用这些词汇。

3. 与语法有关的文化内容

语法是语言表达方式的小结，它揭示了连字成词、组词成句、句合成篇的基本规律。文化背景不同，语言的表达方式也不同。因此，教师在文化教学中应该注重挖掘语法所承载的文化，引导学生通过语法学习，理解英美国家文化。

每种语言都有一定的语言逻辑，也就是语法形式，不同语言语法形式的规定体现着这个国家或民族文化的特点。就拿英语和汉语来说，英语重形合，汉语重意合，这是因为西方人重理性和逻辑思维，汉民族重悟性和辩证思维。因此，在教授英语的过程中，教师应该多让学生了解西方人重理性和逻辑思维、汉民族重悟性和辩证思维这种思维习惯上的文化差异，并体会其对语言表达方式的影响，其对学生学习英语语法、减少中国式英语的错误是非常有帮助的。

另外，一个民族的语言及其语法还与心理、社会因素有关，因此，教师在教授语法知识时应该介绍其心理、文化因素。在英语教学中，如果学生忽视了语法的心理因素、社会因素，就难以理解语言中一些特殊的表达方式和习惯用法。例如，英国人往往说 I was scolded，中国学生则往往使用 Some people scolded me。以主动语态代替被动语态，其原因在于在中国人眼里，施事者的形象比受事者突出。可见，文化背景不同，思维方式就不同，语言表达因此也不同，而句法结构也就随之不同。因此，教师在介绍某些句法结构时，应同时介绍其语意和交际功能。

（二）非言语交际文化内容

非语言交际文化也是文化教学的重要内容之一。不仅言语行为传播着文化，有时非言语行为也在传递文化信息、表达思想感情。当然，非言语行为只有在一定的语境中才能表达明确含义，孤立地理解某一非言语行为的含义常常是难以奏效的。

非言语交际的定义有很多。宏观上讲，非言语交际涉及文化、民俗、社会学、人类学等众多领域，运用范围十分广泛，其语义也十分复杂。具体而言，非言语交际指那些不通过语言手段的交际，包括手势、身势、眼神、面部表情、体触、体距等。关于非言语交际的涵盖范围，其分类方法有很多。胡文仲教授从跨文化交际的角度出发，将非言语行为大致分为四大类，分别是体态语、副语言、客体语、环境语。

在文化教学中，教师在非言语交际文化的教学过程中应该注意以下两种情况：

1. 有些动作是某一文化中特有的

例如，在美国摇动食指表示警告别人不要做某事或表示对方在做错事；把胳臂放在胸前，握紧拳头，拇指向下摆动几次表示反对某一建议、设想或是强烈反对某人。在中国用两只手递东西给客人或别人表示尊敬；说话时用一只张开的手捂着嘴，说明在说秘密。

2. 相同的含义，在不同的文化中行为不同

例如，同样是表示不知道、为难、不赞成等含义，西方人喜欢耸肩，而中国人则喜欢摇头或摆手；同样是叫别人"过来"，美国人喜欢把手伸向被叫人，手心向上，握拳用食指前后摆动，而中国人通常把手伸向被叫人，手心向下，几个手指同时弯曲几次。

二、文化教学的原则

（一）以理解为目标的原则

以理解为目标的原则是指英语教学中的文化教学应该"以文化知识为起点、文化意识为桥梁、文化理解为最终目标"。从这个过程我们可以看出，知识的导入仅仅是文化教学的第一步，将这些知识消化理解才是最终的目标。这一原则是根据我国当前的国情及社会需要决定的，越来越频繁的文化交流使我们不得不面对现实，只有充分理解彼此的文化，才能实现不同文化间的顺畅交流，也才能真正获得跨文化交际的能力。

要想真正达到知识的融会贯通，死记硬背是行不通的，因此，在文化教学的实践过程中，不能过分强调知识的灌输和行为的简单模仿，正确的方法应该是教会学生怎样去分析目的语文化，认识目的语文化与本族文化的异同及其产生原因，进而真正理解目的语文化，并且透彻理解其文化知识。

（二）相关性和实用性原则

文化内容是一个很宽泛的概念，它包含着社会生活的方方面面。在英语教学中，由于时间、内容以及各种客观教学条件的限制，我们不可能做到将文化内容的所有方面都展现出来。因此，在教学过程中，教师要有选择地进行知识的传授，对学生生活中可能遇到的交际情况以及与跨文化交际密切相关的文化内容要重点讲授，使其所学内容能真正对其生活中的交际活动起到帮助作用。

在此基础上，相关教学内容要具有广泛的代表性，应属于主要目的语国家中有代表性的主流文化。鲍志坤在《论外语教学的文化导入》中谈到文化内容的纷繁复杂，提出

在教学中应该遵循"适度的原则"和"主流的原则"。这种提法从本质上讲与相关性原则和实用性原则是相通的。顾弘和张燕在《论外语教学中的"文化导入"》中又进一步解释了相关性和实用性的原则，并提出文化教学既要做到"从文化的角度学习语言，又要从语言的角度学习文化"。

（三）循序渐进原则

文化的教和学都是一个长期的过程，不能一蹴而就，因此，文化教学应该遵守循序渐进的原则。针对这一问题，很多专家学者都提出过相关理论，这里我们仅就其中一例做简要分析。

2003年，王开玉提出文化教育具有"阶段性"，他认为文化教学包含文化知识层和文化理解层两个层面。其中，文化知识层的教学主要传授的是知识文化，文化理解层次的教学主要传授的是交际文化。

还有一些学者的言论我们没有提出，但是比较看来，大家的主旨思想都是一致的，并且都体现了外语跨文化教学的一个公认的原则，即英语跨文化教学具有阶段性或者层次性，在教学中应该遵循循序渐进或层进性的原则。

（四）理论与实践相结合原则

理论和实践永远是分不开的两个个体，只有理论没有实践叫纸上谈兵，没有理论指导的实践也是盲目没有方向的。因此，将知识学习与实践相结合的原则既符合知识学习的规律，又符合文化教学的要求。

在文化教学过程中，传授知识是运用知识的基础，传授知识的目的是最后将其运用于实际的交际活动中。因此，教师不仅要向学生传授知识，还要为其营造实践的机会，让他们在实践中将所学知识运用出来。这样一方面可以巩固所学知识，另一方面可以培养他们运用知识的能力。

对外国文化的学习过程，学习者一般要经历以下三个步骤：

1. 学习文化知识

学习文化知识首先要认识到外国的文化是什么样的，如家庭背景、婚姻状况、个人收入等在中国经常谈论的话题，在英美人看来却是涉及个人隐私的问题。

2. 做出解释

每一种语言背后都隐藏着不同的文化，学习一种语言，必须首先了解其文化，因为不同的文化会导致行为习惯和价值取向等的不同。因此，在教学过程中，教师要用文化知识来向学习者解释这些现象的产生原因。

3. 亲身体验

语言的学习最终都是要落实到实践中去的，因此，让学生亲身体验是帮助他们学好这一语言的重要步骤。具体的实践可以分为课堂和课外两种方式。例如，在课堂上，教师可以要求学生积极创设交谈的情景，在课外实践中，可以要求学生多参加类似英语角之类的活动。

三、文化教学思维

（一）注解法

在学习教材时，往往会涉及很多具有文化特异性的内容，这时需要对其加以注释和讲解，这种方法就叫作注解法，它是完成学习英语文化知识最主要的方法。既然需要做注解，证明这些知识是重难点或是语言学习有必要了解的背景，这样做可以帮助学生更为方便地理解。

注解法的一种主要形式是文化旁白，它是指在进行语言教学时，就所读材料或所听内容中有关文化背景知识，教师见缝插针地做一些简单的介绍和讨论。在外语学习中，文化上的差异往往成为理解目标语的较大障碍，用这种方法能有效地清除部分语言认知障碍。教师可充当讲解员，也可以运用图片、实物教具或者多媒体课件等手段进行讲解，目的是帮助学生更好地理解所读或所听的内容，这有助于丰富学生的感性认识，促进理解。文化旁白的好处是机动灵活、用途最广、使用时间最长，缺点是任由教师掌握，随机性很大，且需要教师有较高的驾驭语言与文化的能力和一定的教学技能与艺术。

（二）文化包

文化教学的第一目标——应用英语文化知识，第二类目标——较深对本国文化的理解，都可使用这个方法。

文化包的方法通常是教学内容学习加讨论形式结合进行。文化包中含有一份介绍外国文化的材料，在学习了这份材料之后，教师组织学生对材料的内容进行文化对比的讨论。在讨论和分析的过程中，锻炼学生对英美文化的敏感性，在逐渐了解英美文化特点的同时学习英美文化。若干个具有相同内容类别的文化包可以组成文化丛。通常文化包的活动时间只有 10 分钟。上了几个文化包就可以上一堂课，以综合讨论和消化这个主题的内容，如有关西方饮食文化的文化丛，可以分解为饮食观念、饮食对象、饮食方式等三个文化包。这三个文化包完成后，第四次课时可以综合介绍、讨论东西方饮食文化的异同。

（三）对比分析法

上面我们所说的文化教学第二类目标——加深对本国文化的理解主要可用此方法完成。对比分析法是指在教学过程中，将目的语文化与本国文化进行对比，让学生发现两种文化之间的异同，从而正确区分知识文化因素和交际文化因素。这种方法可以帮助学生在对比的过程中更加容易理解目的语文化，进而在轻松的氛围中学到知识，因此，在跨文化交际的研究中经常得以使用，目前也是语言教学中常用的一种方法。

由于汉语和英语分属两种截然不同的语系，而东方文化与西方文化又差异颇大，通过比较进行教学可以产生良好的效果。在这种方法的使用中，有一点需要明确，那就是对比不是仅限于表层形式的对比，最主要的是要通过深层内涵的对比让学生深刻了解目的语国家的文化。这种深层内涵的对比既包括语言的对比，也包括非语言的对比；既包括形式的对比，也包括深层意义的对比；既包括语言和非语言的对比，也包括语言交际行为的对比。

（四）文化体验

这是完成文化教学第三类目标——培养跨文化意识的有效方法。文化是一个不断发展的、鲜活的现象，人们每天的活动都代表着他们以自己独特的生活方式参与到实践生活中，同时他们的经历和活动也创造着他们的历史和文明。因此，按照这种想法，莫兰提出了"文化体验"这一概念作为文化教学理论的核心。他认为要帮助学生理解文化，应该从三个方面入手，分别是文化体验、文化知识和体验式学习循环。其中的文化体验又可以分为五个方面的内容，分别是文化内涵、学生介入这一内涵的活动、预期或实现的结果、学习内容和师生形成的关联的实质。

莫兰提出的体验式教学实际上不是一个独立的环节，它包括一系列的循环过程，这个过程包括四个步骤，分别是直接或间接参与、理解内容后的描述、理解原因后的解释、在对自我了解后的回应。

除了以上课堂上使用的方法，教师也可以直接把外国文化内容作为教学材料，编成教材并开设课程，课程内容可以是外国的习俗、典故、历史、风土人情等。

第五章 中小学英语教学与现代教育技术的融合

第一节 中小学英语游戏教学

在使用基础英语教学时，老师希望学生通过记忆逐渐增加词汇量，提高英语口语技能，并学习使用基本的语法和句子模式。听力、口语、阅读和写作之间的关系使得英语课越来越烦琐和困难。因此，要求学生学习英语，应让学生感到愉悦并在英语学习中取得成绩，这些是老师多年来研究的重要课题。

一、游戏教学法的优势

基于游戏的学习方法是一种有效的学习方法，与传统的学习方法相比，基于游戏的学习方法会让学生有"忙碌且有趣"的感觉，这种基础学习方法是有用的。著名的教育学家 Mare Prensky 在 *Digital!Game!Based!Learning* 中提出：21 世纪的学习革命是网络上的远程学习，是课程的数字化或宽带和无线等高速信息传播方式的出现。学习的真正革命是"从乐趣中学习"。游戏教学是一种有趣而有效的学习方法的新形式，它的潜力也正在引起人们的关注。

二、游戏教学在中小学英语课堂中的应用

游戏英语教学是英语在中小学教学的重中之重。正确地运用游戏教学法，不仅可以激发学生的学习兴趣，而且可以提高英语教学的效率。游戏是互动娱乐，在教育游戏中，还可以提高学生的英语技能，并增强他们表达语言的能力。

单词连连看游戏。掌握英语词汇是学习英语的重中之重。在学习英语的同时专注于建立词汇量，可以帮助中小学生打好英语基础。英语词汇游戏是一款适合英语教学的教育游戏。通常，当学生学习新词汇后，老师会在下一个阶段测试词汇的记忆。单词游戏

是一个记忆游戏。在两堂课之间，在黑板上写下前一天给出的英语单词和中文解释。学生上台大约10分钟，老师会要求他们添加解释性单词。其他学生则积极寻找其中的错误，并给予相应的奖励。

英语接龙游戏。英文接龙游戏基于中文成语接龙游戏。英语学科的老师可以根据当前情况来决定游戏形式。比如单词接龙，首先创建一个分组系统，在该系统中，老师设置序言，学生将第一个单词的最后一个字母作为下一个单词的第一个字母，从而限制了单词范围。例如，教师说 apple，学生在组内就可以接"e"开头的单词，比如 eleven，以此类推。如果是短语的话，则 a lot of 接 for sale 等。由于学生学习的基本知识有限，因此教师在创建单独的词汇表之前，还必须提前提供学习词汇表，以便让学生最大限度地充分理解游戏。

你说我答游戏。要在教室里玩这个游戏，老师必须提前准备。老师可以在课前制作约30个道具，道具可以记录只有学生才能学到的单词、短语或句子。给所有学生发布所需要的单词或所有文本。例如，当一个学生看到一个苹果时，他对同学说"苹果"，然后其他同学回答，最快的小组（临时小组）获胜，获胜的团队将获得适当的奖励。该游戏可以全面反映学生对教材的吸收能力，并可及时地训练学生的反应能力和灵活性，这也是加强学生之间交流的绝好机会。

情景还原游戏。教师利用大量现实资源来选择适合学生角色扮演的场景。选择了角色后，老师会要求学生自己组队练习，练习应尽可能远离课堂进行。这可以鼓励学生寻求其他同学的帮助，以在课堂中创建一个综合的学习环境。以竞赛形式进入课堂后，老师会选择小组中的其他成员，找出最佳团队，展示学生的优点和缺点，并对其奖励或惩罚。

游戏的设计要具备竞争性。教师可以充分利用其竞争性对学生进行教育并培养他们的竞争能力。竞争性游戏模式可以成为学习者的良好平台。比赛前，应根据学生的理解程度和小组能力对学生进行分组，让每个组都是一个系统。根据游戏中的评分系统，找出哪支队伍赢得了比赛。结束后，重新组队的学生又可以开始玩了。在小组比赛中，学生会表现出极大的兴趣并且可以自信地参赛。

利用游戏达到练习巩固的目的。中小学英语教学的主要阶段是学习和融合。目前，英语教学可以进行有趣的现场游戏，有很多游戏可以玩。教学经验表明，许多学生对学习和整合的阶段不感兴趣，因为他们也不知道从哪里开始。而对于无聊的运动，他们经常逃避。因此，如果可以应用游戏教学方法，则学生可以真正享受练习并获得必要的练习知识。

例如，在"Body!Lesson"这一课中，可以为学生准备一个测验，并且要求学生很快地回答一些问题，这些问题是学生能够快速、准确地发音的英语单词。没错，学生可以拼写它们。积极主动的孩子们会立刻行动起来，提高学习英语的热情和主动性，从而达到事半功倍的效果。

控制好英语游戏的进程。教师应意识到，英语游戏是英语教学活动协调发展的一种工具。它不会干扰正常的英语教学。在教授英语知识时，教师应集中精力妥善管理游戏比赛的进程并增加比赛的积极影响。此外，他们还需要对游戏时间等有良好的掌握。从而教导学生从中获取有关英语学习的知识。

当前，要提高我国中小学英语的教学水平，我们还有很多工作要做。老师需要改变对游戏的看法，要认识到，游戏可以帮助学生学习。当然，英语游戏教学法也有弊端，如学习环境充满挑战，学习条件受英语口语流利程度的影响。但是，这是一个可以解决的问题。

第二节　核心素养下的中小学英语教学

随着现代教育事业的不断发展，教师在开展教学的时候也越来越重视对学生核心素养的培养。然而实际执行中受到教学思想、教学方法等因素影响，中小学英语教学效果不够理想，学生核心素养培养也没有落到实处，对学生的学习和发展造成了不小的影响。这就需要教师对核心素养的内涵进行准确把握，要联系学生学习实际，明确英语核心素养的培养目标，然后借助多样化手段打造高效课堂教学模式，推动中小学英语教学高效率、高质量完成，使学生核心素养得到培养和提高。本节结合中小学英语学科的核心素养培养，探讨如何构建高效中小学英语课堂教学模式，以使核心素养培养真正得到落实，并推动学生全面、综合发展。

一、中小学英语学科核心素养

核心素养即学生应该具备的能够适应社会发展的品格和关键能力。在中小学英语学科中，学生核心素养构成要素包含以下方面：

语言能力。对中小学生开展英语学科教学，其本质就是为了提高学生英语语言能力，使学生能够根据特定环境进行正确的英语表达和内容理解。

文化品质。学生通过对英语学科的学习，可以了解很多国外的政治、经济、文化，不仅可以开阔眼界，还能引导学生构建正确的世界观、人生观和价值观，并推动学生的健康成长和稳步发展。

思维能力。语言与思维存在着十分紧密关系，思维可以通过语言外壳表现出来，并且伴随着语言的发展，学生思维能力也能得到延伸和拓展，久而久之学生就会形成特定的英语思维，英语学习也会变得事半功倍，并促进学生获得更进一步的发展。

二、当前中小学英语教学模式存在的问题

随着新课改和素质教育在中小学英语教学中的不断渗透，教师在实际开展教学时也要积极转变教学观念，给予学生更多自主思考和合作探究的机会。从最终教学成果来看，还存在以下问题。

（一）教学目标不够明确

核心素养下的中小学英语教学目标应该放在学生能力、思维和品质培养上，但是从实际情况来看，教师在开展课堂教学时依然保留了传统教学模式的痕迹，即注重对学生进行基础知识的重点教授，能力培养也集中体现在听、说、读、写方面，不利于学生思维、探究、问题分析和解决能力的发展，最终教学目标也无法与学科核心素养培养相契合。

（二）学生学习兴趣不足

在实际教学中，学生对学习英语学科不感兴趣，主要是因为教师没有对书本教材知识内容进行深度剖析，也没有结合学生身心发展规律找寻其兴趣契合点，因此学生对课堂所教授的知识内容难以产生兴趣，无法积极主动参与到知识学习和探究当中。

（三）缺乏对问题的自主探究

如果要对学生英语学科核心素养进行培养，整个教学活动就须要围绕学生开展，使学生对课堂教学进行自主探究、思考和分析，在正确理解、掌握和应用知识的同时，各方面能力也得到锻炼和提升。但是在实际教学中，学生学习的主体地位还不够明显，获得自主思考和探究的机会也较少，即便是开展也需要教师从旁进行引导，整个教学活动难以高效率、高质量地开展。

（四）实践活动较少

学生语言能力、思维能力和文化品质的形成不仅要通过教师课堂知识的教授实现，还要通过学生积极主动参与到各种各样的实践体验活动中进行操作、感知和体验，最终的形成也要学生进行经验总结和方法优化。

（五）评价不够全面

通过评价可以对学生的学习状况和教师的教学效果进行全面把握和分析，并指导教师结合学生的学习实际对教学模式进行完善和优化，学生也能够从中掌握正确的学习方法，使自身的学习主动性和教学效果得到提升。但是目前教学评价的现状还不够理想全面，需要教师从教与学的角度对评价进行优化。

三、核心素养下高效中小学英语课堂教学模式的构建及应用

（一）明确教学目标

对中小学英语教学目标加以明确，可以使课堂教学有针对性地开展，并达到有的放矢的课堂教学效果。学生在掌握英语知识的同时，语言核心能力也会得到培养，进而提高中小学英语教学的有效性。想要达到这一效果，教师就要对中小学英语教学涉及的知识内容进行深度剖析，并结合新课改和素质教育理念的要求对英语教学目标进行科学制定，同时联系学生学习实际和学习需要对课堂教学进行提前规划，以便于课堂教学严格按照规划展开，从而既能保障教学的顺利开展和高效，又能促进教学目标的实现。

（二）激发学习兴趣

新课改教育理念要求教师开展教学时重视学生在课堂上的主体地位，采取多样化的措施激发学生的学习兴趣，使其发挥主观能动性，积极主动参与到课堂学习活动当中，这样整个教学效率就会得到极大提高。实际操作中教师可以结合学生性格特点，对多媒体辅助教学手段进行充分利用，比如用图片、视频、动漫等形式将书本知识内容呈现在学生面前。这样既能吸引学生的注意力，又能激发学生的学习主动性，其对知识的学习、掌握和应用也会更加高效和牢靠。

（三）问题探究

学生思维发展能力的提升需要学生积极主动参与到课堂教学活动中才能实现。实际操作中教师也可以对以下教学策略进行应用：

层层设问教学法。教学中教师对课堂教学内容进行细致分析，并结合教学目标设置多个问题，各个问题之间也要保持递进关系，使学生根据课堂所提出的问题进行思考和探究，然后给出每个问题的正确答案。实施过程中为了增强学生的探究兴趣和积极性，教师可以采用趣味导入、情境创设等方式，激发学生的深入探究欲望，关键之处教师也要给予恰当引导，使学生朝着正确思路走，最后教师再公布各问题的答案，引导学生对不正确的地方探明原因，以锻炼学生思维，使之掌握正确的学习方法。

小组合作教学法。中小学英语教学中有很多沟通对话都需要学生合作完成，这不仅可以培养学生的合作意识，还能够让学生认识到自己的短处，并在以后的学习中进行弥补。实际操作中教师可以通过设置提问的方式让学生进行小组合作，这样学生可以充分发挥自身优势，对问题分析、探讨和解决，既提高了英语学习的有效性，又能够获得个性化发展。

（四）实践体验

对学生英语学科的核心素养进行培养，仅仅依赖教师的课堂教学是不够的，还需要结合核心素养内容为学生创造更多的实践机会，让学生在亲身参与中汲取知识、锻炼能力和提升素养，推动学生全面、综合发展。在实际执行中教师可以从学生英语学科核心能力培养出发，创建各种各样的实践活动。比如结合课程教学目标，从学生学习需求和兴趣出发，举办专题活动；还可以将其划分为更多板块，以便于学生根据自身喜好进行选择和参与。如此不仅可以拓展英语教学形式，还能够吸引更多学生参与进来，整个过程中学生的英语综合能力就会得到更多锻炼，思维能力、理解能力、分析能力也会得到培养，学生的英语学习主动性也会进一步加强。

（五）情感渗透

中小学英语学科中涉及的很多知识内容都与国外政治、经济、文化相关，学生通过对这些知识内容进行学习，不仅可以对国外的文化背景、社会生活等进行认识和了解，还能够引导学生树立正确的文化观念，对各国知识文化充分尊重，最终提高学生思想道德素养。教师在注重对英语重难点知识的教授和讲解的同时，也要对情感渗透引起高度重视，并结合书本教材对潜藏的情感知识内容进行挖掘、加工和利用，甚至还要对多媒体进行充分利用，将涉及的文化、景观、风俗等知识内容以更加直观和形象的方式展现在学生面前，如此既能强化学生的感官体验，又能升华学生的思想情感，促进学生的思想文化素养提升。

（六）综合评价

评价作为反映学生学习成果和教师教学效果的一种重要方式，需要体现出其全面性和综合性，才能够保证评价结果的科学性和合理性。一方面，学生通过评价可以对自身学习和表现情况进行了解，尤其是对自身的薄弱之处及时发现，并对自身学习方法进行总结和反思，然后采取有效方法对薄弱之处加以弥补；另一方面，教师通过评价可以对课堂教学效果与实际学生掌握情况进行对比分析，并从教学目标、教学内容、教学方法等方面着手进行针对性改善和优化，使中小学英语教学更加高效和高质地展开，学生英语学科核心素养的培养也会变得事半功倍。

在中小学英语教学中对学生学科核心素养进行培养，需要教师积极转变教学观念，突显出学生在课堂学习中的主体地位，并联系英语学科的核心素养内容，对教学目标进行科学制定，然后采取多样化的教学措施使学生在积极参与教学活动中实现知识、能力、态度和价值观的协同培养和发展，相应的中小学英语教学目标也会更好地实现。

第三节　多媒体教学优化中小学英语教学

多媒体教学模式是一种新型的教学方式，不同于传统的"灌输式"教学方式，它以文字、声音、图片、视频以及音乐等多种方式，直观形象地向学生呈现教学内容，充分调动学生的多感官功能，集中学生的注意力，不仅可以丰富英语课堂教学活动，而且可以提升学生的听、说、读、写能力。因此，教师要正确合理地使用多媒体教学方式，充分发挥多媒体教学模式在提升教学质量方面的作用。以下主要围绕多媒体教学模式在中小学英语教学中的应用意义展开分析与探讨。

一、多媒体教学模式在中小学英语教学中的应用意义

（一）突破中小学英语教学重难点

多媒体教学模式在向学生展示教学内容时可以以文字、图片、视频以及音乐等多种方式，达到化抽象为形象的效果，可以有效地突破中小学英语教学的重难点，弥补传统的以讲述为主的"灌输式"教学方式的不足，激发学生英语学习的兴趣。此外，通过多媒体技术的应用可以将文字编制成画面，不仅易于学生接受与理解，而且易于集中学生的注意力，帮助学生更好地掌握相关的英语教学内容。

比如，在学习水果这一部分内容时，为了帮助学生更好地认识苹果、香蕉以及橘子等各类水果的词汇，教师可以通过多媒体的应用精心设计购物的场景，并在购物中引导学生认识各类水果，然后指导学生识记相关的单词与句子。总之，在课堂教学中创设生活化的情景，可以有效地突破教学难点，提升英语教学质量。

（二）尊重学生的主体位置

传统的中小学英语教学中，教师始终居于主导位置，学生处于被动接受的位置，严重忽视了叙述的主体性，而多媒体教学模式在中小学英语教学课堂中的应用，使教师可以根据学生的性格特点与兴趣爱好实施教学活动，充分尊重学生的主体位置，让学生在轻松自在的学习氛围中掌握丰富的知识，完成学习任务。

多媒体教学可以利用自身的优势，以文字、声音、图片、视频音乐等多种方式呈现教学内容，抽象的知识内容具体形象化，不仅易于学生理解与接受，而且提升了教学质量。另外，多媒体的另一优势是可以实现对教师操作的简化，让教师可以有更多的时间集中于教学活动，从而为中小学的英语课堂教学质量与效率提供重要保障。除此之外，教师可以利用多媒体实行英语的听、说、唱、玩的教学，不仅引发了学生的英语学习兴趣，而且锻炼了学生的英语学习能力。同时，在英语学习过程之中既可让学生掌握丰富的知识，又可促进学生的人格健康发展。

（三）开拓学生的视野

在中小学英语教学过程中，教师可以利用多媒体信息丰富、容量大、范围广等特点，在课堂教学中通过画面与声音展现教学内容，不仅第一时间集中学生的注意力，而且可以实现对学生创新思维能力的培养。

例如，教师在开展多媒体教学活动中，可以为学生模拟相关的情景，并引导学生展开大胆的想象，将教学内容中的对话用表演方式展现出来，不仅可以帮助学生更好地掌握英语新知识，而且可以进行知识的拓展与延伸。除此之外，借助于多媒体教学模式的应用，不仅可以拓展学生的眼界，而且能够提升学生的文化意识，点燃学生探究知识的欲望，让学生高效快速地掌握新知识，从而提升学生的英语学习效率。

（四）实现对课堂教学时间的充分利用

通过多媒体在中小学英语教学中的应用，可以实现对课堂教学时间的充分利用，并且借助于录音机等教学工具的使用，达到控制声音速度的目的。教师在课堂教学之前，可以根据教学内容，选择合适的教学课件，实现对课堂教学的简化。此外，在学习英语单词与英语日常用语时，教师可以通过多媒体技术的应用，利用动画片为学生模拟英语情境，给予学生用英语交流的机会，从而提高学生的英语听读水平。

二、多媒体教学模式在中小学课堂教学中应用的注意事项

（一）重视传统教学方式与多媒体教学方式的结合

毋庸置疑，在中小学英语教学中应用多媒体教学方式有着重要的作用，但是这并不意味着教师要全面依赖多媒体教学方式，在课堂教学中过度使用多媒体教学方式，会削弱教师在课堂教学中的作用。因此，要重视多媒体教学方式与传统教学方式两者的结合，注重学生在课堂教学活动中的参与，利用多媒体教学方式营造出良好的课堂氛围，引发学生进行积极的思考与探究，强化师生之间的情感沟通与交流，让学生感受到英语学习

的乐趣，全面提高学生的英语学习水平。

（二）多媒体课件要突出教学重难点

多媒体课件是多媒体教学中不可缺少的内容，课件质量的高低直接影响多媒体教学质量的好坏。因此，教师要高度重视课件的制作。当前课件制作存在的问题是教师过度重视课件的优美程度，而忽视教学内容的重难点。此外，许多教师在课件制作中添加了过多的动画效果与视觉效果，忽略了教学内容才是主体部分，在课堂教学中学生将注意力集中于图画与声音上，而不是教学的重难点上，显然，这样难以保障中小学英语课堂教学的质量与效果。

综上所述，作为一种新型的教学方式，多媒体教学模式在中小学英语教学中应用广泛，在促进教学质量与效率提升方面发挥着重要的作用。为此，教师要注重多媒体教学模式在中小学英语教学课堂中的合理应用，注重传统教学方式与多媒体教学方式的结合，从而为中小学英语课堂教学质量与效果提供重要保障。

第四节　创新教育理念下的中小学英语教学

在"互联网＋"的时代背景下，社会对具有创新意识的英语人才的需求量日益增加，国家也越来越重视教育的发展，创新教育已成为教育发展的必然趋势。然而，当今我国大多数英语课程教学模式并未落实这一关键点，重理论、轻实践的课程结构已严重影响了中小学生的英语水平。本着以创新教育理念为指导，构建中小学英语课程教学模式的目的，本节提出了"英语户外主题课堂"这一教学模式，旨在探究英语户外主题课堂的可行性，以期改善英语应试教育模式，真正培养出具有"外语能力＋专业能力＋创新创业能力"三位一体综合能力的复合型人才。

一、创新教育理念

如今，创新教育已成为衡量我国综合国力的关键因素。"创新教育是以培养人的创新精神和创新能力为基本价值取向的教育，其核心是在全面实施素质教育过程中，着重研究和解决创新意识、创新精神和创新能力问题，其教育目标是培养具有创新精神和创新能力的人才。"因此，如何将创新教育理念融入中小学英语教学以服务于专业教学，培养出具有创新素质的复合型人才，是中小学英语教学未来的发展方向。黄源深认为，"社会对外语人才的需求已呈多元化态势，市场经济呼唤口径宽、适应性强、有相当应用能力的复合型英语人才。"总体而言，国内许多学者已充分认识到改革中小学英语教学模式的必要性与迫切性，并向创新教育方向靠拢。

众所周知，中国学生以应试为主要学习动力，可以说，传统的应试教育理念导致学生思维模式的僵化和质疑精神的欠缺，而且英语课堂教学模式日趋僵化。

"填鸭式"教学。一般来说，英语学习课堂应当是生动有趣并灵活的，但如今大多数中小学教师为赶教学进度，在课堂上滔滔不绝，学生笔头不停。这种英语教学模式往往带来诸多弊端：一是扼杀了学生独立思考的批判性思维；二是师生互动太少，未遵循素质教育下的学生主体地位；三是重点不突出，学生易产生疲劳感。

母语式教学。90%的中小学英语教师倾向于汉语教学，中小学生理解能力较差，英语教师采用母语教学情有可原，但高中生已具有一定的英语基础，过多利用母语解释难以使学生转变其思维方式，不利于学生向纵深发展，此种教学模式也是导致学生口语与听力较差的原因之一。

应试式教学。小考、中考、高考都以笔试为主，忽视了口语考查，这导致大多数英语教师上课摒弃学生口语训练，以至于学生低估口语的重要性，"重读写，轻表达"已成为英语学习的刻板模式。

陈旧式教学。如今随着时代的发展，听力室、投影仪、电脑等辅助教学设备越来越便利，极大地推动了英语教学的发展，信息技术环境下教与学的模式创新紧跟其后。然而，目前仍有许多学校未匹配相应设备，旧式教学新颖度较低的情况会使学生讨厌学习。因此，教育工作者应转变教育观念，重新审视教育技术，从不同角度，积极主动地探索信息技术环境下的教育变革。

理论式教学。中英语文化差异较大，纯理论教授很难达到预期的教学效果。例如，在学习英语单词"church"时，实际上，很多中小学生根本没有见过教堂，联想记忆能力较差，这样的单词学生只能死记硬背，久而久之，学生的学习积极性会受到极大的影响。

总之，以上种种英语教学模式导致英语课程的实际教学效果与该课程的教学目标脱轨，中小学英语教学模式亟须改革。

二、创新教育理念指导下中小学英语课程教学模式构建路径

什么样的课堂才是成功的课堂？毫无疑问，答案是创新型课堂。创新型课堂模式应该是以"确定目标—质疑问难—自主学习—主动建构—自我评价"为体系的模式，这需要教师转变自身职能，由重视学生成绩转变为重视学生全面发展，由以自身为中心转变

为以学生为中心，中小学生户外主题课堂模式便基于此而产生。

（一）中小学生户外主题课堂模式

基于英语学科核心素养这个大概念，课题组结合创新教育理念初步制订了三个英语学习方案，这些方案以湖北省襄阳市为大背景。

口语加油站：以湖北文理学院和古隆中风景区为游览地点，让学生在游览途中学习新词汇并学会简单地表达所见事物，穿插游戏环节，激发学生对英语学习的热情。

知识小课堂：以习家池和唐城为游览地点，开展户外主题课堂，讲解相关人文知识、历史背景，适当的时候用英语开展课堂教学。

英语流利说：以月亮湾公园为游览地点，通过日常交流、情景对话、自我介绍、话题拓展等提高中小学生的英语交流能力，促使其走进大自然，增加对生活的认识与热爱。

英语户外主题课堂迎合了新课改的要求，在英语教学中秉承"生本理念"，能充分凸显学生的主体地位。而教师作为指导者，要给予学生正确的学习思路，促使其达到学以致用的目的。以上主题旨在将中小学生的英语学习与户外拓展相结合，鼓励中小学生接受新型的英语学习模式。

（二）户外主题课堂的实践前景——PEST 分析模式

政治环境（P）：当前我国政局稳定，经济发展态势良好，国家重视基础教育。同时，将旅游区与教育相结合迎合"教育＋旅游"的大方向，易于得到一定的政策支持。

经济环境（E）：中国经济发展状况良好，居民可支配收入水平高，教育支出占总支出比重较大。

社会环境（S）：教育具有文化延续和发展的功能，因此，社会普遍重视教育且重视程度与日俱增。

科技环境（T）：随着科学技术的发展，信息传播力度加大，提高了户外课堂的可行性与操作性。

本节创新性地提出了户外英语主题课堂学习模式，并结合英语学科核心素养，贯彻了"理论＋实践"的教学模式，体现了全方位的素质教育要求，阐释了以学生为主体、教师为主导的教学模式。在创新教育理念下培养中小学生的英语语言能力、学习能力、思维能力、文化品格，是实现中华民族强国梦的必然要求。因此，教师乃至国家必须施以正确的教育教学方法，推陈出新、与时俱进，切实做好育人工作，真正培养出具有"外语能力＋专业能力＋创新创业能力"三位一体综合能力的复合型人才。

第五节　多模态话语分析与中小学英语教学

教学是通过师生之间的交流与互动，促进学生学习和发展的专门社会实践活动。多模态话语分析在中小学英语教学中强调利用合适的多模态资源（如图像、视频、录音等），培养中小学生多元识读能力，提高教师教学水平。当前以多模态话语分析为理论指导、以多模态资源为辅的英语教学在我国得到了广泛推广。本节探究多模态话语分析理论在中小学英语教学中的作用与应用，为中小学英语教师教学实践提供借鉴。

一、多模态话语分析

早期的话语分析主要研究使用一种模态的单模态话语，对文字层面进行分析，已经无法满足人们对新媒体时代多模态话语的阐释和理解。因此以社会符号学为视角和韩礼德的系统功能语法为理论基础的多模态话语分析应运而生。社会符号学将语言视为社会符号，探讨语言符号的构成意义。韩礼德的系统功能语法是为了探索语言功能而建立的，并在后来将语言的功能归纳为三种：概念功能、交际功能和语篇功能。它们都围绕语言这一符号，而多模态话语分析认为社会符号不仅包括语言形式，也包括非语言形式（图片、视频等）。因此，多模态话语分析在对研究社会符号和构建意义方面更为丰富。

国内学者对多模态话语分析定义都有着自己的看法。李战子指出多模态话语为除了文本之外，还带有图像、图表等的复合话语，或者说任何一种以上的符号编码实现意义的文本；张德禄认为多模态话语是指运用听觉、视觉、触觉等多种感觉，通过语言、图像、声音、动作等多种手段和符号资源进行交际的现象；朱永生将多模态话语分析定义为同时包含两个或多个信息符号系统或模态的话语交流。

本节的多模态话语分析是借助图像、文字、视频等多种语言意义的表达形式，充分调动学生感官的协同合作，唤醒视觉、听觉、肢体表演等。它强调对语言形式和非语言形式的运用，以及对五感的挖掘利用，因此对中小学英语教学有研究意义。

二、多模态话语分析在中小学英语教学中的作用

（一）丰富课堂教学内容和形式

传统的英语教学模式大多只依赖教科书，而多模态话语利用丰富的教学资源来开阔学生视野，如在单词教学中，将图片与单词结合起来教学，既能帮助学生更直观地理解

单词意思，又能加强学生对单词的掌握和记忆；在语篇教学中，将视频、角色扮演与语篇讲解结合起来，既帮助学生理解语篇内容，又锻炼中小学生英语应用能力。相比起传统的单一模态话语分析，多模态话语分析借助现代多媒体丰富了课堂教学内容和形式，为学生提供了多样化的学习资源。

（二）提高学生多元识读能力

从多模态语言教学角度研究的多元识读能力应该包括语言识读、文化识读和技术识读能力。这里的语言识读能力既包括传统的听、说、读、写、译等语言能力，又包括运用其他模态配合语言模态进行交际的能力。文化识读能力是指具备一定的政治文化素养、批判性思维能力和对多元文化的理解力和适应力。技术识读能力则指运用多媒体和其他技术手段进行多模态交际的能力。多模态话语分析包含视频、录音、图片等多种话语符号，可以帮助中小学生识读各类信息。在当今信息爆炸的社会，中小学生每天都在接触不同形式的模态资源，在期间逐步具备辨别有用资源和劣质资源的能力，因此多模态话语分析也要求学生英语应用能力与现代信息更新速度齐头并进。

（三）培养学生的跨文化意识

在这个阶段，中小学生不应只会简单分析语篇内容，也应该将符号资源转化为自己的理解，以增强自身的跨文化意识。多模态话语为学生提供了广阔的文化视角，学生通过接触多种符号资源和参与多模态课堂教学活动，逐渐了解我国与他国文化的背景、历史，并分析本土文化与他国文化的异同，进而树立平等的文化观念，防止思想上对文化定型。

三、多模态话语分析在中小学英语教学中的应用

教育话语正在从传统的"教师—学生—教科书"的媒介模型转变至更为复杂的形式，有赖于软件设计师，连教师也成了这些新话语形式的开发者。中小学教师在教学实践中运用多模态教学资源，可以有效提高学生对语言的应用能力。

（一）课前发挥多模态话语之间的优势

典型的多模态话语模式是一种模态的话语，不能充分表达其意义，或者无法表达其全部意义，需要借助另一种来补充，我们把这种模态之间的关系称为"互补关系"，而把其他的称为非互补关系。大多数中小学英语老师以写教案和制作PPT的形式备课。基于中小学生有喜欢新奇事物、上课注意力差的特点，笔者想提出教具运用这一教学模式。因为在中小学课堂中，教具更能吸引学生兴趣，丰富课堂教学形式和提高课堂教学质量，

如在人教版中小学英语三年级上册"Unit 4 We love animals"中，教师任务是帮助学生掌握有关动物的单词。教师可以在课前制作相关动物的头饰教具，为课堂教学活动做准备，帮助学生掌握新知。同时，教师也要思考如何通过自身的肢体动作、表情神态的相互配合来强化话语意义。

（二）课上注重多模态话语之间的协同

英语教学中教师应尽可能地为学生提供多模态话语分析的实践机会，让学生在具体应用中感受多模态话语分析的优势和特色。现在的中小学老师会基本的 PPT 制作，并会融入一些视频、录音等教学资源来辅助教学，但在课堂上只有这些模态资源是远远不够的。笔者想提出的是一些有效的课堂多模态教学活动，比较简单的是组织学生开展角色扮演或辩论。学生之间相互交流、讨论，将这些多模态资源转为自己所想、所说、所做。中小学教师也可以组织同学开展剧本表演，包括剧本编写、场景布置、台词练习等准备环节。这个阶段的孩子需要发散他们的思维，需要培养他们的创造力、模仿力、表演力。学生在开展这项活动期间也可以锻炼多元识读能力。当然值得注意是，多模态话语分析主要以静态文本为主、动态多模态话语为辅。老师在期间起到引导作用，将着重点放在关键知识点上，在课堂有限的时间内，设置合适的模态活动，不能一味追求多模态教学资源带给课堂的趣味性，否则不仅会降低多模态资源原本的作用，也不利于课堂教学正常进行。

（三）课后布置创新的多模态话语作业

素质教育视域下的英语教学要把学生放在主体地位，强调学生自主学习，发挥学生的积极性。针对低年龄段的学生，多模态绘本是不错的多模态话语产物，它里面不仅包含文字和图片符号，还带有立体的插画。通过阅读多模态绘本，中小学生在锻炼了识读能力的同时也培养了动手能力，增强了自我思考和思辨能力。学生能够在阅读绘本过程中慢慢掌握多种话语模态之间的练习和意义，能够把语篇中的多种模态话语资源转化为自己的理解，从而变为另一种学习资源。不仅如此，在信息化时代，中小学教师需要鼓励学生利用身边资源收集英语素材，这些素材可以来自书籍报刊、网络等多模态学习途径，中小学生利用多模态资源学习的过程也是不断提升英语应用能力的过程。

传统的单一话语模态向多模态话语转变是新媒体时代的必然趋势，多模态话语理论也能为英语教学提供新视角，实现多通道话语意义。教师要利用好多模态话语的优势，利用好多媒体等信息工具，将这一思想贯穿于教学中，积极引导学生自主发现多模态话语的意义，从而增强学生语言实际运用能力，提高学生多元识读能力。

第六节　中小学英语教学中的无痕德育教学

中国共产党第十九次全国代表大会报告指出："落实立德树人根本任务，发展素质教育，推进教育公平，培养德、智、体、美、劳全面发展的社会主义建设者和接班人。"以习近平同志为核心的党中央从全局和战略的高度出发，强调把立德树人作为教育的根本任务，坚持育人为本、德育为先，要求教师明确教学是育人的手段之一，育人是教学的最终目的；德育不应局限于专门的德育课程，而应扩展到各个学科，切实让学科德育发挥优势。基于此，教师在英语教学中既要培养学生的综合语言运用能力，又要注意提升他们的思想道德水平。在立德树人理念的指导下，在学科教学中融入德育已经是现代教育者必做的工作，每位教师都负有德育的责任，都应明确"课课有德育，人人是德育工作者"。教师要在学科教学中融入德育，帮助学生塑造中国魂、深扎中国根、规范中国行，将其培养成具备"政治认同""国家意识""文化自信"和"公民人格"的合格的中国公民。

一、无痕德育的内涵

苏霍姆林斯基说："把教育意图隐藏起来，是教育艺术十分重要的因素之一。"无痕德育相对于传统的"填鸭式""布道式"的德育模式而言，淡化了生硬说教、模式化"灌输"的痕迹，强调构建学科德育的生态课堂，使学科教学与道德教育无缝对接、有机融合，实现"教书"与"育人"的和谐统一，在潜移默化中促进学生道德修养的内在生成与自我构建。赫尔巴特早就提出过这种教育性教学的观点：不存在无教育性的教学，德育是普遍存在于一切教学活动中的。他强调通过教学进行教育，尤其是进行德育。

二、无痕德育的必要性

在"立德树人"理念的指导下，教师要意识到教育的根本目的和任务是育人，在教学过程中应坚持以育人为方向。中小学生正处于心理发展的关键时期，思想尚不成熟，道德品质正在逐渐形成，具有不稳定性，容易受到各种外界因素的影响，因此，引导他们形成良好的思想道德，不断提升思想修养，实现道德认知、道德情感、道德意志和道德行为的良性循环尤为重要。

虽然"育人为本，德育为先"的口号已经喊了好多年，但低效德育仍是现实。我国当前学校德育存在很多问题，如德育方法单一，德育过程简单，德育脱离学生的需要、兴趣与生活等，在学科教学中无痕渗透道德教育是实现高效德育的重要途径之一。以往学科德育的实施情况并不理想，要么学科教学与德育的融合牵强生硬，各行其道；要么学科教学与德育主次颠倒，德育喧宾夺主；要么德育在学科教学中有名无实，形同虚设。此外，中小学生已具备初步的价值判断能力与自主意识，教师应善于寻找德育的适当切入点和有机结合点，否则可能引起学生的逆反心理和抵触情绪。因此，学科教学中的无痕德育必然是时代的呼唤。

下面通过中小学英语教学中无痕德育案例的呈现与分析，提出无痕德育的融入策略，旨在改变以往学科教学与德育之间模式化渗透与机械性结合的现象，使德育与学科教学有机融合，在教学中隐性而有效地实现学科的育人功能和德育价值。

三、中小学英语教学中无痕德育的融入策略

（一）活用教材，充分挖掘其中的德育元素

教材是教学内容的主要载体，教师的教和学生的学都需要教材的宏观指导。但是，教和学往往受教材的左右，从而使教材的使用缺乏创造性，因此，教师须要活用教材，充分挖掘教材中的德育因素，在深度解读教材文本的前提下，结合文本主题对学生适时、适度地进行无痕德育。

语言是思想文化的载体，我国现行的中小学英语教材中蕴含了丰富的德育元素，有诚实礼貌、助人为乐、勤劳勇敢、自强不息等思想品质素材，也有富有时代气息的如人口教育、环境保护、科技发展等人类共同关心的话题，还有集体主义、爱国主义和社会主义等具有中国特色的思政教育元素，关键看教师是否具有敏锐的眼光发现这些德育元素，以及是否善于将其以学生喜闻乐见的形式、适时适度地、无痕地融入课堂教学。

在苏教译林版《英语》八年级（上）"Unit 4 Do It Yourself"的 Task 部分有一篇苏西（Suzy）的日记。苏西在日记中记录了给妈妈亲手制作生日贺卡的过程。为了给妈妈制造惊喜，苏西偷偷去朋友家制作。她在制作贺卡的过程中遇到了一些困难，历经两个小时，最后终于顺利完成了。针对本篇文章，教师在教学时不应把注意力只放在生词、短语、句型、语法等英语语言知识的讲解上，还应注意引导学生仔细品味日记字里行间所蕴含的情感。"It took me two hours to finish" "Lots of things went wrong during that time" "When I completed the card, there was paint on everything" ... 当学生读完这些话，自然而然地就能领会苏西为妈妈制作生日贺卡的不易，感受到苏西对妈妈的爱与感恩之情，由此意识到不能忘记父母的养育之恩，要拥有一颗感恩的心。

在这个案例中，教师在进行感恩教育时并没有呆板、机械地宣读感恩父母的重要性，只是让学生特别注意文章中的几句话，细细品味文字背后所包含的情感，使学生在无意识中接受感恩教育，能够自觉地感激父母的养育之恩。接着，教师只要提问"What else should we be grateful for?"学生自然就能由感恩父母的养育之恩联想到感恩教师的辛苦教诲、感恩同学的真诚帮助、感恩自然的伟大赐予、感恩祖国和人民的关怀……在这一教学过程中，无形间增强了学生的感恩意识、培养了他们的感恩情感，从而使其能够逐渐学会付出、学会报效，这一无痕德育过程没有堵、压、逼，而是诱导和疏通，实现了学生对英语语言文字的感知能力与道德修养的同步提升，达到了"此处无声胜有声"的效果。

（二）以身作则，用自身的道德力量熏陶与感化学生

教师是道德认识环境的创设者，中小学生模仿性强、可塑性大，课堂上教师的一句话、一个眼神甚至一个动作都可能成为学生模仿的来源。因此，教师应注重自身的示范作用，成为学生的道德楷模，以身作则，用自身的道德力量感化学生。这种隐性的道德教育即无痕德育，无须过多的显性的言语教化，而是通过让学生自主观察、感悟与效仿，从而接受道德的熏陶。

由于时代的发展、社会的进步及多元文化之间的碰撞，一些学生出现了缺乏民族身份的认同感、归属感与自豪感和漠视中华文化中宝贵的物质财富和精神财富等问题。外研版《新概念英语》（新版）第二册第 96 课中有一个单词是 spectacle，意为"景象、壮观、场面"。教师所举的例句为"The sunrise I saw from the top of Mount Tai was a tremendous spectacle."（从泰山上登高远望，日出景象蔚为壮观。）教师在展示完这个例句之后，又结合自身去泰山看日出的经历，给学生绘声绘色地描述了在泰山观看日出的过程，还将观看日出后所写的随笔深情地朗读了一遍："东方天边一线晨曦由灰暗变成淡黄，又由淡黄变成橘红。天空的云朵，红紫交辉，瞬息万变，漫天彩霞与地平线上的茫茫云海融为一体，犹如巨幅油画从天而降。金光闪闪的云层上，日轮掀开了云幕，冉冉升起，须臾见金光四射，群峰尽染，好一派壮观的云海日出，昼夜交替仿佛就在那一瞬间。然后，鸡鸣鸟叫，万物苏醒，新的一天开始了。这次泰山之旅我最大的感触是泰山日出的神奇壮美！"

在这个案例中，教师对祖国大好河山的热爱之情通过言语、表情、动作等表达出来，没有布道的口若悬河，也没有训导的正襟危坐，就使学生受到了道德的熏陶。通过"共情"的作用激发了学生对祖国大好河山的热爱之情，使其增强了民族自尊心与自豪感，爱国主义情感的培养也就水到渠成了。在这样的学科德育中，学科教学与道德教育水乳相融、

浑然一体，达到了"融而通"的境界，实现了学科素养与品德素质的良性互动、协同共进、和谐发展。

（三）注重细节德育，将无痕德育落到实处

"细节德育既强调把德育的大概念、大目标细化成可视可感的具体目标和基本要求，又注重在德育过程中从点滴入手，从细微着手，有层次、循序渐进地开展德育活动。"英语课堂德育目标小中见大、德育要求细而有效，才能使教师在教学时育人润物无声，从而确保将学科教学的无痕德育落到实处。全国中小学英语教材的起始阶段都会有"Good morning!""Excuse me."等基本的文明礼貌用语，这些口头语虽然看起来很简单，貌似无足轻重，但往往能够彰显一个人道德素质的高低，而且良好行为习惯的养成也是从点滴细微处慢慢积累而成的。因此，教师在对学生进行文明礼貌教育时不应将抽象、空洞的宏观概念注入式地"灌输"给学生，而应将大目标细化成一个个较具体的、易于理解与操作的、近期的、清晰的细小目标，避免目标太空太泛，使学生明确目标，并激励他们在日常生活中积极履行和贯彻，用心感受自己正在稳步地向目标迈进。例如，让学生懂得见面时主动说"Good morning!"，打扰别人之前说"Excuse me"，常常把"Thank you""Sorry"等挂在嘴边。在这个案例中，重视细节的无痕德育实现了学生英语口语交际能力与道德修养的同步提升。

（四）积极开展课外德育实践活动，让学生在"做"中积极地体验、感悟，实现道德修养的内在生成与自我构建

课堂是学科教学的核心，除了课堂育人以外，教师还应拓展课堂外多样化的德育实践活动，让实践活动为德育创设良好的环境、提供广阔的空间。新课程改革强调在真实、开放的生命感受中构建个体的道德成长经验，因此让学生在自然环境中通过团队合作、活动探究等形式，在"做"中积极体验、感悟，实现道德修养的内在生成与自我构建。

在英语课堂外的实践活动中，教师要善于启发和引导学生，如用比赛、游戏等方式鼓励和调动他们，而不是"灌输"德育知识与理论。

例如，中华人民共和国成立 70 周年之际，英语教师在班上举办了感恩祖国的英语演讲比赛，让学生用流利的英语口语抒发对祖国的热爱之情。这样不仅能给学生提供锻炼英语口语和口才的平台，而且能潜移默化地培养其责任感和家国情怀。

教师还可以开展"我为扬州瘦西湖做小导游"的角色扮演活动，要求学生以小组为单位，一部分人充当导游，另一部分人充当国外游客使用英语进行模拟交际。小组内充当导游的学生需要了解扬州瘦西湖的过去与现在以及扬州人对这些世界文化遗产是如何保护、管理和利用的；充当国外游客的学生需要提前想好与扬州瘦西湖有关的问题。在

学生进行角色扮演之前，教师应鼓励他们通过各种渠道搜集图片与资料，然后在组内进行讨论，思考如何组织安排角色扮演活动。

在这一德育实践过程中，学生通过积极参与活动，在"做"中进行感悟体验，树立保护文化遗产的意识、引发对祖国文化的热爱之情、增强团队合作意识、提升人际交往能力，从而彻底改变传统德育模式中重"填鸭式"和"灌输式"的教，不重视学生内化和自省性体验的现象。

立德树人是教育的根本任务，教书育人是教师的天职。教师应积极运用有效的无痕德育融入策略，通过不断反思与创新，力争在教学中以"春风化雨，润物无声"的方式进行道德教育。通过教师润物无声的细心拨动，一定能够引起学生的共鸣，使其感到"如入芝兰之室，久而不闻其香"，使其在潜移默化中行为得到引导、品质得到升华。教师应塑造学生的现代人格以适应社会的发展，让他们受益终身。教师应更新理念、转换思维方式，使学生开阔视野、激发情怀。学科教学中无痕德育的融入，实现了知识与道德、教学与教育、教书与育人的统一，于师于生，都是一件益事，何乐而不为呢？

第六章　基于信息化背景下的中小学英语教学研究

第一节　教育信息化与中小学英语教学

一、利用信息技术为学生创设良好的教学环境

中小学生年龄比较小，在这个年龄阶段，受周围环境影响比较大。所以，教师在开展中小学英语教学时，应注重为学生营造良好的教学环境，从而在环境中影响学生，让学生更好地学习英语知识。教育信息化主要是信息化技术在教学中的运用，教师可以利用信息化技术，将一些抽象性的知识具体化，从而为学生营造一个更加形象、生动的教学环境，学生参与积极性更高，学习效率也会随之提升。网络上有大量的教育资源，当学生遇到不懂的问题时，不但可以向老师请教，还可以从网络上寻找资源参考。同时，教师在进行教学设计的时候，也可以从网络上寻找一些有趣的教学案例、课件等，然后根据班级情况，进行改动，从而有效提高教学设计效率。

二、利用信息技术丰富学习内容为学生开拓学习渠道

传统教学模式当中，教师的教学资料主要来源于教材和教辅材料，导致教学内容比较枯燥，学生学习的渠道只有课堂，学习渠道比较单一，导致课堂教学质量受到严重影响，不利于学生综合素质的提升。在教育信息化时代，教师可以充分利用丰富的网络资源，为学生营造一个更加丰富有趣的课堂教学。此外，学生也可以利用互联网渠道进行学习，学习渠道进一步拓宽，学习兴趣和积极性也会随之提升。受传统教育模式的影响，"哑巴英语"的现象十分普遍，教师在运用信息技术进行课堂教学时，还要注重为学生营造良好的语言环境，培养学生口语表达能力，从而有效改变"哑巴英语"的现象，促进学生综合全面发展。例如，在中小学英语教学当中，教师可以专门建设一个"聊天群"，

然后每一位学生都可以给自己取一个喜欢的英文名字，然后每天固定一个时间，要求班上学生在群里聊天，聊天内容不设限，学生可以在群里分享自己有趣的事情，可以有目的地讨论某一件事情，从而为学生营造一个良好的语言环境。此外，网络上存在比较多的英语学习网站，教师可以选择一些比较适合中小学生的学习网站，让学生进行线上学习，拓宽学生的学习渠道，让学生能够随时随地学习英语，教学质量也会随之提升。

三、利用信息技术激发学生学习英语的兴趣

"兴趣是学习最好的老师"，当学生产生学习兴趣后，就会迸发出巨大的力量，从而积极主动去探究学习，学习效率也会随之提升。中小学阶段的学生好奇心比较旺盛，但是这种好奇心持续的时间不长，且难以长时间集中注意力，在这种情况下，教师可以充分利用信息技术，保持学生对英语的好奇心，从而有效激发学生的学习兴趣，抓住学生的注意力，让每个学生都能更好地参与到课堂教学当中，从而保证课堂教学质量。

第二节　信息化学习资源与中小学英语教学

想有效地开展教学，老师要学会将各种资源融入教学当中，以丰富教学内容，科学合理化教学模式。如今，信息化日益发展，已经逐步融入各行各业当中，给人们的生活带来了极大的改善。将信息化学习资源融入中小学英语教学当中是中小学英语教学在当今社会的一大教学改革和进步，如今的中小学英语教学随着"互联网＋教育"模式的逐渐渗透，不仅给中小学英语老师的课堂教学带来了极大的帮助，同时给中小学生的学习也带来了积极的影响。

一、信息化学习资源在中小学英语教学中的意义

资讯科技与学科教学整合的目的，在于通过各学科教学中的资讯科技有效学习及运用，推动教学内容呈现方式、学生学习方式、教师教学方式、师生互动方式的转变。一般情况下，在传统的英语教学中，会有书籍、粉笔、录音带、挂图等。在教育资源匮乏的情况下，教师在教学中似乎被绑住了手脚，没有发挥出应有的水平，同时这种状况又极大地限制了学生学习英语的积极性和主动性，从而忽视了学生的主体地位。因为学生之间有差异，有兴趣的就喜欢学，无兴趣的就不喜欢学，强迫学习的效果不好，记忆力也不好。在传统教育下，面对枯燥乏味的单纯英语教学、乱七八糟的英语词汇、混乱不

堪的英语语法，大多学生提不起兴趣，导致英语学习成绩不理想。英语教学改革后，英语教师尝试运用先进的计算机信息技术辅助英语教学，取得了一定成效。电脑资讯科技是利用电脑互动，综合各种资讯，如文字、图形、图像、动画、影音及其他资讯，以建立逻辑关系。通过将计算机信息技术与英语课程相结合，使英语教师在组织日常英语教学活动时，能够生动、灵活、直观地传授英语语言知识。这样可以激发学生学习英语的热情，收到事半功倍的效果。学生英语学习兴趣的培养都是在初学阶段建立起来的，所以我们的中小学英语教师承担着非常重要的任务。假如初等教育的基础打得不好，那么就会影响他们以后的学习。因此，在中小学英语课堂中，运用信息化技术，实现英语教学的一体化，具有十分重要的意义。

二、信息化学习资源在中小学英语教学中的利用

教师应根据教学内容，结合学生的实际情况，有选择地使用多媒体教学工具。比如"希沃白板 5"这款 APP，就是一个为信息化教学设计的交互式教学平台。该产品以生成教学理念为核心，为教师提供云课件、学科工具、教学资源等辅助教学功能。它以多媒体交互式白板工具为应用核心，提供了云课件、素材加工、学科教学、思维导图、课堂活动等多种常用备课讲授功能，并为 K12 不同学段提供了不同学习模式下相应的学科工具。下面，笔者结合"希沃白板 5"这个教学软件，探讨在中小学英语教学中如何利用信息化学习资源。

（一）提升英语学习兴趣

初等教育阶段是学生正式开始学习英语打基础的重要阶段，这时候的中小学生对英语的认识还不够全面。部分学生从幼稚园开始接触英语，主要是简单的单词如 banana 和 Hello，也有部分学生对英语完全不熟悉，不能产生印象。这说明中小学英语学习是帮助未来英语学习铺路的，所以教师应当选择正确的教学方式来提高中小学生对英语的学习兴趣，让他们更热爱英语学习，积极响应英语课堂教学。传统的中小学英语教学以课本为主，教师多采用口语、录音等形式进行教学，学生学习兴趣不高，学习积极性、主动性不强，学习效率低，学习效果不好。例如，在"希沃白板 5"这个学习软件中包含了大量生动有趣的英语学习内容，像图片、色彩、动画、视频或者音频等，都可有效地刺激和吸引中小学生的感官，从而提高中小学英语课堂的趣味性，促进中小学生对学习英语的兴趣和积极性，提高中小学生对英语知识的掌握程度。"希沃白板 5"资源包含大量有趣的学习模式，如在英语课程中使用"希沃白板 5"中的音乐视频或彩色图片等，让学生在观看视频图片、听音乐的过程中学习英语单词或者句式，然后安排学生在课堂

上开展情景活动，几人一小组根据软件提供的内容来模仿句式进行简单的英语问候，不仅增加了课堂的趣味性，还增加了学生与课堂的互动性。所以老师也可以利用"希沃白板5"学习资源，开展互动式教学，利用学习软件中提供的互动模式，在课堂教学中开启学生与师生课堂互动，如看图写英语、猜英语等多样的英语课堂活动，开启趣味英语课堂模式。

（二）培养中小学生自主学习能力

在过去传统的教学模式当中，英语课堂教学的主体一直是教师，所以教师在开展教学的时候有着主导性强、过程把握力强的特性，而学生处于课堂的被动状态，学生迫于学习压力强行被灌输英语知识，所以严重缺乏学习的主动积极性，导致学生在学习和探索英语知识方面受到了自身精神层面的限制阻碍，从根本程度上削弱了学生的英语学习能力，从而学生对英语的认知也缺乏深度和广度。信息化资源中包含了很多课堂上没有的英语知识，不仅开阔了学生对英语知识的认知视野，还让学生的学习来源不仅仅限于老师的传授和课本的记录，进而通过互联网提高了学生的英语思维和对英语的认知度。基于对课堂英语教学学习的满足，如果学生还想让学习更进一步，提升和突破自我，那么就可以利用信息化学习资源来更深层次地挖掘英语知识。例如，学生在课上运用"希沃白板5"这款网上学习软件的时候，既能学习新知识，提前了解和掌握课堂中老师要教授的英语知识，提高课堂效率，还能对已经学过的知识进行课后复习，加深对知识的掌握和巩固，同时还能对已经学过的英语知识进行深度挖掘，不仅增强学生对知识的理解程度，还能提升学生对英语整体的认知和掌握。比如，学生在学习了一些基础的问候英语单词后，在课下或者用课余时间就可以使用"希沃白板5"软件学习更深层次的知识，像打招呼要用什么语气、在什么情况下用什么句式等。信息化学习资源使学生能够打破学习的时间和空间局限，从而提高学生的英语自主学习能力。

（三）提升英语实践能力

英语教学一直以听、说、读、写等教学方式为主来培养学生的英语能力，但是传统的英语教学往往只注重课本中的理论知识和写作能力，往往忽视了英语教学当中的听力和口语，使学生在日常生活的实践中无法对英语进行正常使用，最后出现学生的英语状态是能看懂但听不懂、能写下来但是说不出来的实际问题。信息资源中包含了大量的口语和听力资源，可以保证学生在任何时间、任何地点都能听到、学习和使用标准的英语口语，进而满足中小学生对英语口语交际能力的实际需求。举例来说，如果学生面临要与人用英语口语交谈时，这时学生就要有可以正常沟通的口语能力，而前提就是需要学生日复一日的锻炼。在学习锻炼时遇到障碍学生就可以使用类似"希沃白板5"这种学习软件，这种软件不仅可以提供丰富的英语词汇和英语句式，还有标准的语音泛读，可以给学生提供一个优秀的练习听力和口语的平台。另外，利用"希沃白板5"学习软件，中小学生还可以和其他学生或者智能语音进行口语和交际会话的练习。例如，中小学生可以用学习机选择好情景语境，然后对照提示的英语单词和句子进行口语交流，如打招呼、再见、问路等。这样不仅提高了学生的英语口语能力，还为中小学生以后的英语学习打下好的基础。

在我国积极推进教育现代化的背景下，提倡并探索信息技术与中小学英语教学的整合，对于培养学生的信息素养、创新精神、实践能力和养成终身学习的习惯，都具有重要的现实教学意义。电脑信息技术不能脱离课程体系，同时也不能局限于某一特定的课程体系。在课程改革过程中，我们要熟悉其巨大的潜质。在这一教学变革的过程中，我们可以看出，信息技术与教育的融合程度不断加深，不仅帮助学生不断提高学习成绩，同时对教育的影响也不断增强。

第三节　信息化手段与中小学英语教学

伴随新时代快速发展的步伐，先进的教育手段对学校的教育教学效果特别明显。将信息化技术手段有效运用在中小学英语教学中，所产生的效果是非常突出的。

当前，我国在中小学阶段已经普遍开设了英语课程，根据学习曲线，中小学英语是学生英语学习生涯的开端，同时也是最重要的时期。在新课程改革的大背景下，中小学英语教学的开展得到了一定的激发，但是仍然存在一些问题，主要表现为以下几个方面：

虽然随着新课改的推进，在中小学阶段引入了英语课程，但是从学校及教师的层面来说，并没有给予真正的重视，且中小学英语教师的专业化程度也较初中及高中英语教师有较大差距。在教学目标、教学态度上也没有对英语课程进行深入的研究和目标的明确，只作为一种英语启蒙教育的兴趣引导，学生对英语课程没有引起足够的重视，教学效果也收效甚微。

学校及教师的不重视，导致很多中小学英语教师失去了对英语教学的兴趣，在教学态度上较为随意和散漫，没有认真研究该年龄段学生的特点和英语学习的重难点问题，教学模式一成不变，传统保守，进行"填鸭式"教学，最终导致学生对于英语学习处在被动接受的地位，对英语学习兴趣寥寥。与此同时，由于中小学生的年龄特点，被动式接受的教学方式无法激发他们的课堂热情，而英语又是需要沟通和交流的学科，所以最终会让师生之间形成沟通障碍，进一步阻碍了英语语言的学习和提高。

一、信息化手段对中小学英语教学效果的影响

随着互联网技术及计算机技术的普及应用和提高，在教育教学领域运用信息化手段已经越来越普遍。所谓的信息化教学，指的是在各类教学方式中引入信息技术的手段，将教学内容、教学过程及教学效果通过信息技术的手段形成相应的数字化成果，从而有力地提高教学的渗透性及教学效率。例如，依托于互联网平台的直播在线课堂，依赖于手机客户端的 APP 或微信平台、终端设备的 VR+AR，以及慕课、微课、翻转课堂等让师生在教育教学过程中有了多样化的选择。

（一）可提高学生的学习兴趣与课堂参与度

大部分中小学生之前是没有接触过英语相关课程的，属于零基础，而引起他们的兴趣对整个英语学习生涯是至关重要的。在初期能够激发他们对英语学习的兴趣，更有利于后期英语的学习。通过信息化教学，如在课堂上引入微课，将某一个知识点通过动画讲解的方式来进行教学，会让学生在对动画充满兴趣的前提下逐渐接受并理解该知识点。由于该年龄段的学生喜欢接触新鲜事物，并对符合其年龄层的信息充满新鲜感，这样新颖的教学方式会很快得到学生的接受，也让师生之间的沟通交流更为通畅。

（二）能够充分利用碎片时间进行学习

由于课堂教学时间有限，有时很难形成知识点的连贯，并且考虑到中小学生对新知识的接受和理解程度，往往在课堂教学时间内很难广泛地开展应用式教学，而英语作为一门技能型课程，是需要强化其应用功能的，所以信息化教学就能有效地弥补课堂教学深度不足以及应用不足的问题。教师可以通过对学生布置信息化作业，如自行拍摄短视频或录音进行课堂内容的对话复述等，教师可以掌握每一个学生的发音情况及语言应用情况，学生边学边用，提高了英语的使用率，并且对拍摄短片或录音的方式充满好奇，可以使其更快地运用所学到的英语知识。

（三）可利用网络资源弥补课程内容的不足

信息化手段的教学方式可以有效利用丰富的网络资源，弥补课程内容的不足，让学生的知识储备更为丰富。传统的英语教学通常是以课本为主，讲解课本的单词、语法等，整个课程下来，学生能够掌握的知识容量也就是一本教材的内容，但是英语是需要活学活用的，所以单一的教材式教学已经远远不能满足现在大量的信息涌入及知识更新，所以充分利用信息化手段，扩充课堂内容是十分有必要的。通过结合信息化教学手段，教师可以在教材的基础上引申更多常用词汇及语句，并且还能提供语境，让学生对英语知

识的吸收更为完善。

二、中小学英语教学信息化手段应用的注意事项

首先，在新课改背景下，教师将传统中小学英语的教学引入了信息化手段后，可以有效激发学生自主学习的兴趣。但是在具体应用中要注意信息化手段的使用方法，不能一味地追求有趣而忽视了知识的教授，只强调形式不强调成效。例如，在运用某些需要依赖于特定终端的信息化教学手段时，如何让学生避免沉迷于终端而忽视书本，有的学校要求学生配备 IPAD 或智能手机来进行信息化教学，但是中小学生所处的年龄段自控能力较差，如何让其只关注信息化手段的学习而不会沉浸于 IPAD 与手机的其他娱乐功能，是在使用信息化教学时需要重视的问题。其次，教师要提高自身综合素质，建立教学相长的师生关系。由于教师对信息化教学的接受能力有时不如中小学生，所以，教师在一开始运用信息化手段教学时可能会碰到一些技术上的问题，而由于信息化及计算机水平的不断进步，某些学生的技术水平能力相对也较高，所以教师要做好各项准备工作，不仅要备好课程内容，还要对相关的技术知识进行及时的补充和完善，以免在教学过程中与学生遇到沟通障碍。教师要从教学态度上重视英语教学，重视新技能的学习，并且也要重视学生对知识的吸收程度和整体课堂环境，增强师生的互动与体验感，这样才能使信息化手段充分发挥其优势。

随着我国对外经济的稳步开展，英语教学成为学生整个学习生涯中重要的一门课程，而中小学英语是整个英语教学周期的开端，对整体英语教学质量有着至关重要的影响。目前中小学英语正在进行深入的教学改革，结合信息化手段提高中小学英语教学效果，提高整体英语教学质量具有十分重要的作用与意义。

第四节　教育信息化软件的推广与中小学英语教学

《义务教育阶段中小学英语新课程标准（2011 版）》指出："教师要充分利用现代教育技术，开发英语教学资源，拓宽学生学习渠道，改进学生学习方式，提高教学效果。在条件允许的情况下教师应利用计算机和多媒体教学软件，探索新的教学模式，促进个性化学习。"教育信息技术硬件在不断更新换代，教育信息技术软件在持续优化升级，因此，中小学英语教师在利用现代教育信息技术的过程中，绝不能"穿新鞋走老路"，一定要与时俱进、创造性地运用先进的教育信息技术，依托现代教育信息技术，着力提

升中小学英语课堂教学效率。

一、教育信息化软件简介

教育信息化软件是一些辅助教师教学、促进学生学习、助力家长教育的教育信息化平台。在这些平台中，有海量的、优质的、系统的教育教学资源，如教学课件、教学设计、微课视频、听力素材、随堂练习以及检测试卷等。根据不同学科的不同特征，各种教育信息化软件还设计了不同的功能与不同的界面。就中小学英语教学而言，许多教育信息化软件提供了课文点读功能。不仅如此，教师还可以在该平台中选择需要点读的部分，并可以选择聚焦功能，放大点读部分。

当然，这只是教育信息化软件在英语教学方面的诸多功能之一。此外，教育信息化软件还能将教学课件、视频资源、音频资源以及课堂练习等整合到电子课本中，以方便教师在教学过程中随时调用相关教学资源。

二、教育信息化软件对中小学英语教学的影响

通过对各学校英语教师进行在线问题调查以及长期的课堂观察发现，教育信息化软件的巧妙运用，使得学生学习英语的兴趣更加浓厚了、教师教学英语的方法更加灵活了，各种信息技术的整合更加有效了，课堂教学情境的创设更加逼真了，课堂教学评价的方式更加多元了。

（一）学生学习英语的兴趣更加浓厚

对学习材料产生浓厚的兴趣，是学生积极学习、主动学习、高效学习的内驱力。信息化教学软件的巧妙运用，使得原本"静止不动"的课本插图"活灵活现"地"动"起来了，使得原本"不言不语"的课本变得"能说会道"了，使得原本抽象复杂的语言交际情景变得具象生动起来了。无论是教材中的词汇知识还是教材中的句型知识，都可以通过信息化教学软件动态呈现出来。再者，利用信息化教学软件，教师可以组织学生进行各种互动活动，使原本枯燥乏味的教学活动变得妙趣横生。教育信息化软件在中小学英语教学过程中的巧妙运用，使中小学生学习英语的兴趣变得更加浓厚了。

举例来说，在教学冀教版小学英语四年级下册"Unit 1 Hello again, lesson 1 How are you"这部分内容时，教材中的"A new teacher""A new student"和"Let's do it"等板块都是"静止不动"的。尽管这些课文插图也能够创设一定的语言交际情景，但是，因为这些语言交际情景都是静态的，所以很难激发学生关注语言交际情景以及进行语言交际的兴趣。教育信息化软件的巧妙运用，使这些语言交际情景变"静"为"动"，能

够吸引学生的学习兴趣。

另外，教育信息化软件的巧妙运用，还可以辅助教师并引领学生开展形形色色、妙趣横生的教学活动，而这也能使学生学习英语的兴趣更加浓厚。

（二）教师教学英语的方法更加灵活

同样的学生学情、同样的教学内容、同样的教学环境，往往会因为教师的教学方法不同而产生不同的教学效果。然而，聚焦当下的中小学英语课堂教学，有相当一部分教师在教学过程中"穿新鞋走老路""一招吃遍天下"，即教学方法过于单一、不够灵活，这也使得中小学英语课堂教学的效率难以提高。事实上，在如今的教育信息化时代，教师可以巧妙地利用各种教育信息技术手段，不断优化中小学英语教学方法，借此提升中小学英语课堂教学的实效性。在中小学英语教学过程中，教师巧妙地利用教育信息化软件，能使教学方法变得更加灵活，使对话操练的过程变得更加真实、有趣、有效。教师的教学方法更加灵活，学生在学习过程中也会变得更加积极主动，学习更加富有成效。

以教学冀教版小学英语四年级下册"Unit 1 Hello again，lesson 1 Is this your pencil"这一课中的"Whose pencil is this？"这个板块为例，利用畅言通教学平台中的人机对话功能，可以让学生与电脑进行对话。相比于生生对话而言，人机对话不仅有助于激发学生参与对话活动的兴趣，还有助于帮助学生纠正各种错误的语音以及语调等。

人机对话只是中小学英语教师利用畅言通教学平台优化教学方法的一种形式，教师还可以利用畅言通教学平台组织学生进行各种个人或小组的竞赛活动，可以优化课堂教学方法，调动学生的学习积极性，提升课堂的实效性。

（三）各种信息技术的整合更加有效

PPT 教学课件、电子白板、投影仪等各种教育信息技术，在课堂教学中都有着至关重要的作用。在具体教学中，很多教师"手忙脚乱"地切换运用各种教育信息技术。教师在"手忙脚乱"切换运用各种教育信息技术的过程中，会导致各个教学环节间的衔接不够紧密。不仅如此，教师在切换各种教育信息技术的过程中，还会不同程度地"消耗"一些宝贵的课堂教学时间。与此同时，也很容易分散学生的注意力，严重影响学生的听课效果。不过，教育信息化软件的巧妙运用，可以消除教师的这一"后顾之忧"。进入教育信息化软件，打开相应的课本目录，教师就可以在 PPT 课件、电子课本、电子白板以及投影仪之间进行自由切换，省时省力、方便快捷。

举例来说，在教学冀教版五年级英语下册 Unit 1 Going to Beijing，Lesson 1 I'm excited 这一课时，教师先进入畅言通教学平台，然后根据电子课本目录选择相应的教学内容，进入电子课本界面。因为在课前备课过程中，教师围绕教学目标并根据教学需要，在电子课本相应的位置添加了相关素材，所以在教学过程中，只要点击相应的快捷按钮就可以进行各种信息技术之间的自由切换。

显而易见，教育信息化软件在中小学英语课堂教学过程中的巧妙运用，使得各种信息技术之间的整合更加有效。如此一来，不但教师在运用各种教育信息技术时更加省时、省心、省力，而且各种信息技术在建构中小学英语高效课堂方面的作用也被发挥得淋漓尽致。

（四）课堂教学情境的创设更加逼真

英语作为一门语言，其学习过程自然离不开相对应的语言情境。离开了语言情境，英语学习的过程也就成为"空中楼阁"。因此，在中小学英语教学过程中，广大中小学英语教师都在想方设法创设形象逼真的语言交际情景，以便学生回归生活、着眼生活、切合实际地学习英语。利用各种教育信息化软件，中小学英语教师就可以创设更为形象逼真的语言交际情景，增加中小学生学习英语的趣味性，提升中小学生学习英语的实效性。

例如，在教学冀教版中小学英语五年级下册 Unit 2 In Beijing，Lesson 12 A Visit to the Great Wall 这部分内容时，教师利用畅言通教学平台创设了这样的教学情境，即 Danny、Mrs Li、Li Ming、Jenny 一行四人乘坐开往北京八达岭长城的公共汽车，兴高采烈地前往八达岭长城。

相比教材中的插图为学生创设的"静态"教学情境，利用教育信息化软件创设的"动态"教学情境更加逼真、更加生动，因此，也更能进一步激发学生的学习兴趣，调动学生参与此项课堂教学活动的积极性。

（五）课堂教学评价的方式更加多元

在提升课堂教学效率方面，评价有着至关重要的作用。如果教师的评价方式过于单一，那么评价在提升课堂教学效率方面的作用也就得不到全面的发挥。在教育信息化背景下，中小学英语教师可以巧妙地利用各种教育信息化软件优化课堂教学评价方式，更好地发挥评价在提升学生学习实效性方面的作用。

比如说，为了评价学生的语音语调是否准确，以提升学生的口语表达能力，教师可以巧妙地利用畅言通教学平台中语音示范功能和语音测评功能。使用这些功能，教师就可以对学生的语音是否标准、语调是否准确进行测评。通过这样的评价，学生不仅能够清晰地知道自己在语音语调方面存在的短板，也能够明确今后努力的方向。

相比普通评价方式，教育信息化软件的应用使评价的结果更加具体。教师甚至可以利用教育信息化软件对学生进行量化评价。如此一来，评价在促进学生学习方面的效果也会更加显著。

总而言之，各种各样的教育信息化软件在中小学英语课堂教学中的应用前景非常广阔。教师巧妙地运用各种教育信息化软件，可以使学生学习英语的兴趣更加浓厚，教师教学英语的方法更加灵活，各种信息技术的整合更加有效，课堂教学情境的创设更加逼真，也使课堂教学评价的方式更加多元。而这些，正是在中小学英语教学过程中推广教育信息化软件的重要意义。

第五节　教育信息化背景下中小学英语词汇教学

分析以往的教学经验，可看到当前大部分学生对英语学习不是十分感兴趣，害怕学英语，英语语言能力也相对较差。之所以会出现这一问题，一方面是因为学生英语学习经验缺乏，未能掌握科学有效的学习方法；另一方面是由于教师教学方案、教学策略存在一些不足，使教学效果不甚理想。本节联系实际，就教育信息化背景下英语词汇教学中的几个问题做简要分析。

一、教育信息化背景下中小学英语词汇教学问题简析

在英语这门学科中，词汇是基础，只有掌握一定词汇，听说读写能力才会有一个比较好的发展。但当前，有很大一部中小学生的英语词汇能力相对较弱，学生掌握的词汇量不足，并且对英语单词理解记忆得不深刻，容易忘，也不懂得用。对这一问题进行深挖就会发现，导致学生词汇能力弱的主要原因有：

首先，中小学生缺乏良好的英语学习环境。在平时，学生之间都是用汉语交流；在课堂上，教师也很少用英语与学生对话，并且中小学英语课时数量较少，学生没有多少接触英语的机会。在这样的环境下，学生主动学习英语单词的意识不强，除了完成教师布置的背诵、默写任务外，学生在课后不会利用手机、电脑等自己查阅、学习单词，也不会主动练习运用单词。

其次，受母语负迁移影响，很多中小学生在记忆单词读音时，都是借助拼音进行，而不是利用正确的拼读规则与构词规则进行。这样就导致学生对英语单词的音、形、义理解得不准确、记忆得不深刻，也比较容易遗忘。

最后，在当前的教育信息化背景下，教师对微课、慕课、交互式电子白板等信息化教学手段的利用率依旧较低。很多英语教师受旧思维、旧模式的影响，在课堂上习惯运

用灌输式、填鸭式等传统教学模式教学，这就在一定程度上影响了学生的学习兴趣，也影响了词汇教学效率。

二、教育信息化背景下中小学英语词汇教学策略分析

（一）利用微课指导预习

微课是当前一种新的教学形式与技术，具有内容短小精悍、形式灵活、方便下载与观看等特点，可以给中小学英语词汇教学带来帮助。在教学过程中，教师可根据教学内容为学生制作短视频，让学生根据短视频自主预习，让有限的学习时间得到最大化利用。在进行英语词汇教学时，教师可根据教材内容准备适合学生的资源，将课程重点、难点整合下来放在微课平台上，通过平台灵活的画面帮助学生快速了解课程知识点，明确学习内容与学习任务。同时教师也能在短视频中给学生设置相应问题，让学生自己通过查找教材或是上网搜索找到资料，并对照具体问题得出答案。且在词汇预习阶段，教师还可以利用微课对学生进行线上测试，通过几道习题来判断学生预习情况，在此基础上科学制订教学方案，让单词教学更加有的放矢。与传统教学模式相比，微课更加灵活有趣。不仅形式新颖、内容丰富、重点突出，而且通过微课指导学生预习，学生会有更多的自主学习、自主思索的空间，学生的独立思考习惯与自主学习能力将得到有效培养，学生的英语语感、英语素养也会在潜移默化中得到提升。

（二）应用交互式电子白板展示词汇

在教育信息化背景下，教师可基于交互式电子白板，灵活地运用问题导入、语境提示等方法给学生展示需要学习的词汇。如在课堂上，教师可利用多媒体技术直接向学生展示词汇构成，让学生对英语单词有一个大体了解；或是利用交互式电子白板的遮挡拉幕等功能来增加词汇展示的趣味性，给单词蒙上一层神秘的面纱，从而调动学生想要了解单词的欲望，有效提高学生学习的积极性与主动性。除直观展示外，教师也可以利用交互式电子白板创设相应的词汇情境，在情境中引出词汇，让词汇教学过程更加生动有趣。如在教学过程中，教师可基于交互式电子白板为学生设计简单的动画类课件，或是在展示词汇的间隙穿插一些趣味性视频与图片，以达到活跃教学气氛、丰富教学内容、提高教学效率的目的。

（三）应用慕课巩固词汇教学

教师可将慕课引进词汇教学过程，在教学过程中根据具体教学内容与学生实际学习需求，为学生设计、建设资料库、习题库、作业库等，方便学生进行线上学习；为学生制作、

上传开放课程，方便学生课后下载、观看等。实践证明，在基于慕课的词汇教学模式下，学生接触英语单词的机会增多、学习单词的时间增多，学生的词汇能力、英语能力会有一个大幅提升。

综上所述，词汇教学是中小学英语教学的重要组成部分，做好词汇教学对于学生英语能力、英语素养的提升具有重要意义。在教育信息化背景下，中小学英语教师要积极转变教学观念，大胆运用微课、慕课、交互式电子白板等一系列新技术、新事物来创建高效的词汇教学课堂，让词汇教学更加科学、有效。

第六节　基于微课的中小学英语信息化教学

传统教学模式下的中小学英语教学以围绕讲解和演绎教材展开，学生处于被动接受知识以及静坐不语的状态，导致学生学习的主动性和创造性得不到发挥。而微课作为信息化教学的产物，因其自身具有的短小精悍、制作精美等特征在课堂教学中得到了广泛运用，在打破传统的英语教学模式以及教学时空方面发挥着自身显著的优势。中小学英语教师应在充分把握自身实际情况的基础上，积极、深入探究信息技术在课堂上具体运用的有效方法和策略，从而使传统教学中的种种不足得到弥补和改善，促进高效化英语教学课堂的构建。

一、创设情境化教学氛围，点燃学生学习热情

调查研究表明，学生在课堂上获取的知识大多是通过视觉观看的形式实现的。视觉体验的效果远比其他感官刺激的效果要好。基于学生学习的这一特征，中小学英语教师应充分利用微课形象直观的特点展开教学，将单调、枯燥的符号信息以生动、直观的图像呈现出来，让学生在良好情境的感染下以及直观的视觉刺激下更为深刻地感知所学知识，促进更理想的教学效果以及更优异学习效果的实现。

以"We fly kites in spring"这部分内容为例，本课的教学目标在于让学生理解并掌握如何用英语来表达季节、天气及其有关的活动。在课堂伊始教师就可利用微课给学生播放一段人们在不同季节从事不同活动的视频短片，比如有的展示春天人们放风筝的画面，有的展示夏天人们游泳的画面……将与季节、天气、活动有关的单词和短语穿插其中，让学生通过看趣味动画视频初步感知所学知识，在此基础上围绕所学知识进行详细讲解，能够起到很好的效果。如此，便为学生打造了生动、适宜的课堂学习情境，达到

了吸引学生注意力的目的，对推动课堂教学的进一步发展产生了深远的影响。

二、突破教学重难点知识，减轻学生学习负担

微课作为利用 5~10 分钟的时间针对性讲解某一知识点的教学资源，本身有着精简、主题突出的特征，是突破教学重难点以及解决疑难点知识的有力武器。英语本身是一门知识点分散且知识内容繁多、复杂的学科，其中词形的变换以及语法知识点的讲解一直以来被视为学习难点，传统以单纯讲解为主的教学模式难以让学生深刻、全面地掌握所学知识，并且学生在课堂上很容易出现知识遗漏的现象。为了有效扭转这一局面，中小学英语教师应在充分把握和利用微课优势的基础上，针对教学中的疑难知识点进行细致的讲解和分析，从而达到化繁为简、突破难点的目的，使课堂教学变得精简、清晰、明了且高效。

例如，名词单数变复数的知识内容是贯穿学生英语学习始终的，且知识内容繁多复杂，对于认知和理解能力较差的中小学生来说，很容易造成知识混乱的现象。为此，教师可以利用微课专门介绍名词单数变复数的规律，即一般的名词变复数直接加 -s 即可，而特殊的则有加 -es、-ves 的现象，还有一些不规则的名词，如 leaf 的复数是 leaves、child 的复数是 children 等。利用微课给学生找出同类的几个单词，并以儿歌或是小诗的形式将这些单词串联起来，使学生对这些单词的复数形式有深刻、明了的认识。如此，便将教学中的疑难知识点生动地展现了出来，增强了学生对抽象、复杂知识点的认识和理解，推动了课堂教学的顺利进展和实施。

三、构建翻转课堂模式，促进课堂教学改革

微课本身具有的运用灵活、随时播放的特征，在构建翻转课堂、促进教学改革方面发挥着重要的作用。它能够极大地转变传统"先教后练"教学模式的束缚，让学生利用自身丰富的资源以及多样化呈现方式的优势进行课前自主学习，使传统教与学的方式发生极大转变。为此，中小学英语教师应巧妙运用微课的优势给学生打造全新的、引领学生进行自主学习的翻转教学课堂，使学生的自主学习能力和学习的主观能动性得到充分发挥，从而更好地促进教育教学改革的发展。

例如，在进行"Did you come back yesterday"这部分内容的教学时，教师就可以在课前预习环节给学生提供关于本课知识内容的微课，让学生在微课的指导下自行学习本课的单词以及主要句型"Did...?"的用法。在课堂上，教师可以首先对学生课前的自主学习效果进行检验，了解并掌握学生的学习情况，并在此基础上开展互动性的教学课堂。

相比传统以一味灌输为主的课堂教学模式，这种翻转型的教学课堂极大地促进了学生对课堂的积极、主动参与，推动着学生的进步和发展。

总之，借助微课实现信息化的英语教学是推动英语教育变革和创新的重要趋势。作为中小学英语教师，我们应在充分合理利用微课教学这一辅助工具的基础上，给学生搭建和提供更为优质的英语学习和交流平台，最终达到提升学生英语综合素质和水平，促进学生全面发展的教育管理目标。

第七章　中小学英语教学评价

第一节　中小学英语教学评价中存在的问题

《新英语课程标准》强调：评价是英语课程的重要组成部分。对英语课程的评论应基于规范的课程目标，规定应选择科学的研究和有效的复习方法，对课堂教学的全过程和结果进行及时、合理的多方面监督，以达到主动导向的效果。在课堂教学上，优秀的英语教学评语有利于学生体验式英语学习过程的发展和成功，激发并保持他们学习英语的兴趣和自信心，形成突出的情感态度和价值观。在中小学英语课程评价中存在许多不容忽视的问题，本节将结合实际教学课件对这一问题进行详细分析，并明确提出相应的处理和预防措施。

一、中小学英语教学评价的必要性

评价是英语课堂教学主题活动中不可或缺的一部分，对课堂教学具有重要的指导作用。《新英语课程标准》强调，对英语课堂教学的评价应采用形成性评价与总结性评价紧密结合的评价方法。绩效评价是指通过认真观察、活动内容、问卷调查、信息查询等方式，对学生学习和训练的进展情况进行不断的评价。绩效评价是课堂教学评价的一种，它以整个学习过程为管理中心。目的不是择少数优秀学生，而是更好地发现每个学生的学习和训练，培养和发展潜能，促进孩子的学习和训练，并反馈给老师。总结性评价是指在一次学习培训结束时对学员的主要表现和工作能力的评价，更关注学习培训的结果。由于中小学英语学习与培训的特点，中小学英语学习应以成绩评价为主、总结性评价为辅。复习要体现主题风格的多样化和复习方法的多样化。例如，利用发展档案塑造和激发学生学习英语的兴趣，鼓励和促进学生英语专业技能的提高；运用"新华榜"的激励机制，以分数计分、同组学生、多元化评价、工作回顾、学生成绩评价等后继方式，极大地促进英语课程的评价。

二、规章制度层面的不足

中小学英语考试成为唯一标准。中考高考的存在，使录取率成为教学理念的重点内容。如今，许多中小学英语教师过于关注考试，而忽视了课堂教学的改进和评价。在这样的环境下，很多新的英语教学理念无法在特定的情况下应用，现在很多学生在这样的文化教育环境中遇到了麻烦，因为就算他们再努力完善自己的爱好，也很难提高自己的学习成绩。学生没有机会去追求自己的理想，这在很大程度上制约了文化教育的改革创新和发展趋势，唯成绩论的评价模式显然不适合如今的状况。

英语教师成为教学的中心。中小学传统英语教学理念的关键在于教师，教师是中心，这不利于塑造学生的主体性和激发学生的创造力。但是，"以学生为中心"也不适合如今的文化教育环境。针对这种情况，新的中小学英语教学方法应运而生，英语教师应结合这两种复习方法的优点，转变课堂教学意识，改进教学策略。因此，英语课堂教学评语应由单一评语转变为多元化评价，只有这样，英语课堂教学评语才能越来越适用于当今的课堂教学标准。

教学理念和方法过于功利化。在教学过程中，物质上的鼓励可以激发孩子的学习兴趣。殊不知，课堂教学的全过程很可能让学生在不知不觉中养成追求完美学品的好习惯，适度的物质鼓励可以激发学生学习英语的兴趣，但一定要适度。在学生学习英语的整个过程中，英语自学能力的作用尤为重要，教师要激发学生的积极主动性，活跃课堂气氛，进一步提高课堂教学的效率。在对学生进行点评时，要注意选择准确有效的具体方法。

三、中小学英语教学评价的建议

教学评价应着眼于新的教学大纲，不仅要关注学习训练和课堂教学的测试结果，更要关注整个过程。首先确立教学理念的最终目标是培养学生在学习中对英语的兴趣，从而建立对英语学习的自信。确立教学理念也可以让教师可以发现课堂教学中的问题，不断改进教学策略，提高课堂教学水平，因此，应该采取各种对策来解决这一系列的问题。

确保参与者在评论中的影响力。学生是学习英语的主体，是教学理念的管理中心。他们的综合语言表达能力的发展趋势应该是课堂教学和学习训练的落脚点。教师必须选择适合学生年龄和学习训练情况的方法。在发表评价的整个过程中，教师需要让学生选择适合自己特点或优势的评价方式，让学生真正参与进来。

例如，课堂教学主题活动记录是根据学生课堂教学主题活动状态和跟随课堂教学记录的状态进行自我评价、工作小组评价和教师评价的。根据自我评价、同学评价、教师评价、家长留言等方法，选择成绩评价与总结性评价紧密结合的方法，对学生一个学期的综合表现进行评价。

保证教学评价的有效性和准确性。教学评价的有效性和准确性在英语课堂教学的全过程中起着尤为重要的作用。首先，它可以帮助教师分析学习效果。其次，它可以帮助学生提高自己。因此，在英语课堂教学中应提倡教学理念和高效率。评语贯穿于课堂教学的全过程，而不是课堂主题活动的某个阶段。因此，教师应善于把握机会，以达到最佳实践效果。否则，评价时间过长或过短，都无法保证评价的质量。

可见，教师在教学过程中要激发学生的主动性，正确引导他们清楚了解自己的学习情况，保证教学水平。例如，一方面，中小学英语教师应该在课堂上用肢体语言和口语表扬学生，让他们感到满意；另一方面，教师要注意教师评价的对策，如鼓励学生，特别是对成绩不佳的学生表扬。总之，在教学评价的全过程中，教师要提高评语的有效性和准确性。

保证审核方式的多样性。一般情况下，教学评价的主体应包括教师评价、伙伴评价、个人评价，但要保证学生是评价对象的主体。传统的教学观念过分强调结果评价，忽视课堂教学评价，这很可能不利于学生的快乐成长。因此，如何不断创新复习方法，挖掘学生潜能，探索正确复习的途径，是提高学生综合能力和教学实效的关键问题之一。只有了解了这个问题，英语教师的课堂教学水平才能不断提高，学生的学习成绩才会不断提高，才能营造快乐的学习氛围，构建高效的英语教学环境。

例如，乌龟赛跑。制作几只可爱的小乌龟，每只都有不同颜色的遮阳帽，以方便区分，在课堂教学主题活动中，利用小乌龟的前进速度反馈工作组的学习情况。比赛结束后，还同时评选出第一个登上终点站的"小乌龟"，让同学们走上讲台感受成功的滋味。培养学生"一步一个脚印"的学习态度，启示学生要以脚踏实地的态度去学习。还可以在英语课堂教学中使用拼写英语单词的方法，英语词汇是学习英语最基本的要素之一，背诵词汇是非常有必要的。这种复习方法是把班级分成四个工作组，每个小组成员都会收到一张老师发的卡片，用于回答问题。课程结束时，小组成员将使用所获得的英文字母组成英语单词，并使用所组成的英语单词说一句话，如此一来，不仅让学生形成一种团结互助的观念，也让英语学习得以融会贯通。

实行小班化课堂教学。人们普遍认为，学生的观察和理解是教师提高教学水平的前提和重要因素。但是，如果一个班级的学生过多，教师就很难按照自己的教学工作计划进行课堂教学，因此，小班化课程是提高英语课堂教学效率和评价效率的关键，只有这样，教师才能在短时间内快速、恰当地掌握学生情况，根据不同学生的特质因材施教。

在小班化课堂教学中，老师可以更好地照顾学生，学生有很多机会参与学习活动。在整个讨论过程中，学生之间可以建立和谐的关系。在小班化课堂教学中，课堂气氛越活跃，课堂教学的实际效果就越好。俗话说，"好的开始是成功的一半"。因此，小班化教学的实施是很有必要的。

上述观点说明，中小学英语教育课程的评价十分重要，它对学生的语言表达能力和文学素养的提高有着特别重要的作用，因此，有必要推进中小学英语教学评价体系建设，保证英语教学的可持续发展。

第二节　中小学英语教学中的学生评价

《新英语课程标准》指出："评价不仅要关注学生学业成绩，而且要发展学生多方面的潜能，了解学生发展中的需求，帮助学生认识自我，建立自信。"学生评价是教育过程中不可忽视的一个重要组成部分，是英语教师对学生英语掌握及运用情况的一种反馈，评价手段必须贯穿于整个英语教学过程，采取个性化且多元化的评价方法，对学生的成绩及表现做出有效评价。

一、评价的理论依据

罗杰斯的人本主义学习理论指出："以人为本"就是要坚持"以全面素质为基础"，通过因材施教的培养，使每一个学生都有展现自我的机会，都有成才的希望和可能。他还提出：学习是由学生自我评价的，因为学生最清楚这种学习是否满足自己的需要。所以在平时的英语教学中，教师要根据学生不同的特点，树立与时俱进的评价观念，不断发掘和创造出新的评价方法，以学生的发展为首要目的，让学生做到正确对待教师的评价，并能正确评价别人，从而对学习充满渴望和动力。

加德纳的多元智力理论认为，所有人的智力都由七种紧密关联又相互独立的智能组成：言语、音乐、逻辑、视觉、身体、自知、交往，而每个人的智力都有独特的表现方式，每一种智力又都有多种表现方式，所以我们很难找到一个适用任何人的统一的评价标准来评价一个人的聪明与否、成功与否。根据加德纳的多元智力理论，我们应该树立灵活多变的评价观，从各个角度、各个方面来评价学生。在传统的英语教学中，教师往往把学生的英语考试成绩作为评价学生好坏的主要依据，然而却忽视了其片面性。考卷只能考查学生对所学的英语单词、词组和句型的理解和运用能力，而对加德纳所说的儿童的多方面智力很难全面考查到。比如学生在真实情境下综合运用语言的能力以及自主学习和创造的能力。这就需要教师改变传统的评价观，采取多种形式对学生的学习情况做一个整体的评价，并通过不断的实践摸索，探寻更加完善、系统的评价方法，使评价内容多元化。

二、评价的基本原则

（一）科学性原则

对学生学习的评价一定要科学，科学评价观的核心是以人为本，关注学生的发展，促进学生的发展。遵循语言学习的规律，采用科学的评价方法和手段，得到合理的评价。

（二）多样性原则

学生英语学习的优劣不只体现在学习成绩上，每个学生的特长和喜好不同，因此教师应该以人为本，从各个角度出发来全面评价学生的学习情况，以达到素质教育的目的。

（三）阶段性原则

中小学生的学习过程是阶段性的，需要用发展的眼光来评价学生的学习情况。不同的年龄阶段，由于生理、心理的成熟度不同，学生的表现也会有差异。因此教师的评价应符合学生当前的实际水平，才能正确地评价学生。

三、评价的正确方法

（一）课堂表现是评价的重点

由于中小学生学到的英语知识和技能大部分是在课堂上完成的，因此学生在课堂上的表现是教师评价最重要的部分。课堂评价可从两点入手：第一，学生在课上对英语知识的掌握程度和课堂参与的积极性。教师可设计一些与课文内容相关的情境表演、巩固拓展型的小游戏以及小练习来进行评价，考查学生对语言知识的运用能力。第二，学生平时的课堂纪律。小学低年级学生的自控能力相对较差，而表现欲则较强，容易走神或扰乱课堂秩序，因此教师需要采取一些引导性的评价方式，表扬一些表现好的同学，并对做得不好的学生做出暗示，在不打击学生积极性的前提下让学生明白该如何上课。

（二）课后学习评价，家校协作

有些学生认为只要课堂上表现好，认真听讲就一定可以取得好成绩，但他们忽略了预习和复习的重要性，从"记"到"忆"是有个过程的，如果只单纯注重当时的记忆效果，而忽视了后期的保持和再认同是达不到良好的效果的。要对这两个方面进行客观评价就需要结合家长对孩子的评价，教师可以经常通过家校或电话短信等联系方式与家长进行沟通，了解学生在家的学习情况，家校配合，更有利于全面地评价学生的学习情况。

（三）作业评价，提倡鼓励

教师每天布置的英语作业都是针对应当天的教学任务的，作业情况是学生对上课内容掌握情况的一种反馈，教师可及时发现问题对症下药，因材施教，避免日积月累难以补救。教师在批改作业时，发现了学生的错误，尽量避免用简单的几个叉来完成批改，应该讲求方式方法，如提供改错信息，让学生对教师的批改结果感兴趣，并要求他们严格按要求改错；教师对成绩中等偏下的学生，应多用一些鼓励性的言语来激励他们，让他们不惧怕抄写作业。

在教学过程中，对学生学习情况做出评价时应客观、积极，用正面的评价引导学生；在对待学生错误的时候，教师应该换位思考，尊重并理解学生，宽容对待他们的错误，给予学生认识并改正错误的机会。如果教师在英语教学中能科学、全面、多层次地评价学生，一定能激发学生的学习热情，并达到优教优学的目的。

第三节　中小学英语分层教学评价

一、学生分层，尊重差异

学生分层即根据学生的知识水平、思维能力和心理因素等差异，遵循学生的个性发展特点，把同一特性的学生分到各组中，实施分层教学。学生分层不能简单地依据学生的成绩来量化分层，而要考查学生日常的语言知识和学习能力等情况，对学生进行动态分组。

均衡班级体制下，学生之间的知识水平、学习习惯和学习态度各有差异，教师要根据全班学生的共性和个性特点对全体学生进行分层。教师根据学生的学习主动性情况和知识的接受程度等差异将学生分成 A、B、C 三个小组。A 组学生认知水平低，在学习上存在困难，英语基础知识掌握得不好；B 组学生认知水平一般，学习主动性较高，能较熟练地掌握课内语言知识；C 组学生具备一定的自主学习能力，不仅掌握了课内语言知识，又掌握了一定的课外知识。学生分层过程中，教师要实行弹性机制，不能让 A 组和 B 组的学生有自卑和消极的心态，要充分调动每个学生的学习积极性。各组的学生不是固定不变的，学习进步的学生可以重新分到 C 组学习，学习遇到困难的学生要下调一个等级学习，把基础水平相对一致的学生分到同一组内，使学生的学习更加自信、教师的教学更加便捷。

《英语课程标准》要求教师在教学中要面向全体学生，要使每个学生都能有所发展。随着时代的进步和家庭教育环境的影响，每个学生的英语认知水平均有所不同，而面对不同层面的学生，教师实行相同的教学内容与教学进度，就会造成英语两极分化的现象。教学实践发现，分层教学策略是解决班级学生两极分化的有效途径，使同一阶段不同认知水平的学生在学习中都能有所提高，都能体验到成功的喜悦。本节从学生、目标、活动、作业和评价这五个不同的角度探讨分层教学在中小学英语教学中的实施策略。

二、目标分层，因材施教

目标分层即遵循因材施教的准则，各组学生都能在分层学习中完成各自的学习目标。A 组是基础知识较薄弱的学生，制定最基本的听、说、读、写目标，即全体学生都要达到的基础目标。B 组是学有余力的学生要掌握略高于大纲要求的内容，即学生在合作学习中达到的提高目标。C 组是有一定英语水平的学生，为其提供发展的空间，制定高层次的目标，即适合优等学生潜能发展的扩展目标。

以外研版六年级上册 Module 2 Unit 1 为例，该单元的话题是"There's Chinese dancing."，语言目标是能运用"there be"句型结构描述各类事物。教师通过分析学情和教材内容，为 A、B 和 C 三组学生分别制定三个不同层次的目标。A 层目标适合英语基础薄弱的 A 组学生，能够在图片的帮助下听懂、认读本课的新单词"restaurant、shop、Chinatown"和新句子"There is a Chinatown in New York."等。B 层目标适合英语基础较好的 B 组学生，能根据插图或动画的提示理解文本大意；能够在巩固复习"there be"句型的基础上初步理解"there be"句型的概念；能结合周围的环境布局描述各种地方事物特征，如"There is a vase in the classroom.There are four pictures on the wall."等。C 层目标适合认知水平较高的 C 组学生，能结合生活实际，在情境中运用所学的语言拓展文本内容：引导学生深入了解唐人街文化，培养学生伟大的祖国情怀。

教师要在理解大纲和教材内容的基础上，制定符合学生心理和生理发展特点的分层学习目标，实现目标"多元化"。

三、活动分层，面向全体

活动分层即教师根据各层次学生认知水平的差异调整教学内容，设计与其教学内容相关的、难易不同的教学活动，实施分层教学。教师可以设计低、中、高三种不同形式的活动，如达标性活动、提高性活动和拓展性活动。在开展教学活动时，教师有针对性地对 A 组学生进行面对面、点对点的指导，帮助其达到教学目标要求；组织 B 组学生通过小组合作交流学习，使其共同达到中级目标要求；对 C 组学生适当引导和点拨，使其达到高级目标要求。每个学生根据自己的学习情况参与适合自身认知水平的活动，这样就能避免优等生失去探索的动力、薄弱生丧失学习信心的恶性循环现象。

以闽教版六年级下册 Unit 6 Dream Job Part A 为例，该课主要让学生学会描述自己的梦想职业以及各种职业的特征。在语言运用过程中，设计三个难易不同的活动，让学生自主选择一个活动完成相应的任务。A 层活动适合基础知识较薄弱的学生，能用学过的句型描述或仿写文中两个主人翁的梦想职业。教师提供词库或者语言框架，降低仿写的难度，学会叙述文本中主人翁的信息，如 "Julia wants to be a singer.Yang Ming wants to be a doctor." 等。B 层活动适合基础知识扎实的学生，能在小组合作交流中谈论自己或朋友的梦想职业。教师设计几个不同角度的问题，如 "Do you want to be a singer?What do you want to be?Why do you want to be a singer?" 等，激发学生思维。C 层活动适合英语认知水平较高的学生，能够在阅读中拓宽学生视野。教师设计一个阅读理解的活动，阅读与课文主题相关的绘本故事，如绘本 *What do you want to be, Brain?* 等，根据上下文以及图片的提示，理解新词的意思，拓展职业类单词，延伸文本知识，培养学生的阅读理解能力。

教师要根据学生层次的划分提出活动的不同操作要求，引导学生在各层活动中达到共同目标，解决个性问题，使每一个学生在知识、技能方面都能有所提高。

四、作业分层，各有所成

作业分层即针对同一班级中小学生的共同特征和个体发展中的差异情况，设计形式多样的练习，布置分层作业，实施分层教学。例如，A 组学生完成基础性作业；B 组学生完成提高性作业；C 组学生完成拓展性作业。在作业布置过程中，教师要区别对待具有不同学习能力的学生，鼓励学生跨层完成作业，增强学习的信心。

以闽教版六年级上册 Unit 7 Thanksgiving Part A 为例，该课要求学生了解感恩节的时间和活动习俗。完成教学任务之后，教师设计三个不同形式的作业，A 层作业是完成与本课知识相关的基础练习，教师可以设计多样的习题，如 "Listen and number.Choose the right answers.Read and fill in the blanks." 等，检验学生对知识点的掌握情况。B 层作业是用所学语言谈论和描述感恩节，完成情景对话练习。学生根据文本内容设计问题，如 "Thanksgiving is coming.How do people spend Thanksgiving?When is it?What do they have?"等，与他人进行对话交流或者完成对话练习，检验学生对文本的理解情况。C层作业是阅读一本有关感恩节的英语绘本，如 *The First Thanksgiving，Thanksgiving is for Giving Thanks，What is Thanksgiving?Thanks for Thanksgiving* 等，培养学生的阅读素养。

教师要以学生发展为本，结合教学内容，根据各层学生的实际情况，布置适合各层学生实际英语水平的作业，使处于不同层次的学生有事可做、乐于去做，都能学有所成。

五、分层评价，体验成功

评价分层即以人为本，针对学生的差异，及时、客观、全面地对不同层次的学生进行分类考核，实施分层评价。在评价过程中，教师根据学生的特质和学习优势，设计多样的评价形式，如口语、听说、测试等评价；根据各层学生的实际情况，运用不同的评价手段，如家长评价、同伴评价、教师评价等，充分发挥评价的诊断功能和激励功能。

刚开设英语课程的起始阶段，对于初学者或者学困生，教师要使用鼓励性语言进行评价，如 "I know you could do it!I'm very proud of you for your progress." 等，在评价时注意语言分寸，不打击学生，多赞美学生，多给予学生充分的肯定；对于英语有一定基础的学生或者中等生，教师要使用激励性语言进行评价，如 "Keep on trying!The harder you work，the sooner you will improve." 等，在评价时要提出需要改进之处，激励他们努力向优等生学习；对于英语水平高的学生，教师要采用发展性语言进行评价，如 "You always have unique ideas.Keep it up!" 等，督促他们戒骄戒躁，在评价时对其提出更高的要求，促使其得到更好的发展。中小学英语教学中，课堂提问是评价学习效果的重要途径。以"故事教学"为例，教师设置事实性的问题，如"故事的主人翁是谁？故事发生在何时何地？"等，这些问题通过阅读后答案一目了然，选择中下水平的学生回答，进行评价，肯定后进生的努力和进步；对于优等生，教师设置分析性的问题，如"故事中的主人翁为什么那么做？你有什么建议？猜想故事结局发生什么？故事的启发是什么？"等，进行评价，赞许优秀生的不同观点和精彩发言。

分层评价要制定不同形式、不同手段、不同层次、不同标准的评价机制，让学生在分层评价中激发学习动力，使每个学生都能在评价中体验成功的喜悦。

总之，中小学英语教学中实施分层教学策略，针对个性差异，对学生动态分层，确定分层目标；遵循因材施教原则，设计形式多样的活动，布置不同层次的作业；以人为本，进行科学的分组考核和评价，既满足优等生的需要，又发展后进生，缩小英语两极分化的差距，使全体学生在英语素养方面得到共同发展。

第四节　中小学英语形成性教学评价

形成性评价是指教学过程中的评价活动，以促进教学活动有效开展为核心思想，也称为过程评价。中小学英语教学中，有效开展形成性评价，可以促使教师积极发现学生的潜质，进而开展有针对性的教学活动，提升教学质量和提高学生学习成绩。所以，中小学英语教师必须在教学过程中积极运用形成性评价，为更好地开展英语教学奠定有力基础。

一、课堂提问评价在中小学英语教学中的运用

课堂提问是中小学英语教学中最为常用的教学手段之一，因而教师有必要针对课堂提问而开展对应的评价活动。在课堂教学中，教师提问，既是对学生学习情况的掌握，又是对学生思维方式的正确引导，还是教师与学生进行交流沟通的重要方式，能够增强中小学英语课堂教学的交互性，且课堂提问贯穿于中小学英语教学活动的始终。为此，教师在课堂上提问，可以及时了解学生对教学知识内容的理解程度，发现学生学习中存在的不足问题，而教师应针对提问情况做好记录，并做出有效评价。

针对课堂提问评价，笔者在中小学英语教学中就有应用。首先，笔者将班级学生分为若干小组，使学生以小组为单位展开竞赛。小组答对问题，即可获得一颗星。在教学活动结束后，获得星星最多的小组为赢家。如此，不仅培养和提高了学生的团队合作意识、竞争意识，而且激发了学生英语学习的兴趣和参与教学活动的积极主动性。其次，笔者开展教学活动，尽可能多地提问富有创造性的问题，给予学生公平竞争机会。再次，待学生回答问题完毕，笔者对学生进行有效评价，比如用"Great、Very good、Perfect"等激励性语言激励学生，帮助学生树立自信心。最后，教师对课堂提问评价做好记录，及时发现学生学习中存在的问题，继而开展有针对性的教学活动，提高学生学习能力。

二、课堂表现评价在中小学英语教学中的运用

在中小学英语教学中，教师有必要对课堂教学中学生的表现进行课堂表现评价，这对提高学生学习热情和充分发挥教学成效具有重要意义。为此，中小学英语教师可以结合学生实际表现情况设定评判标准，给予表现良好的学生以奖励，并对学生获奖情况进行记录，以周/次为单位，引导学生进行自我反思。值得注意的是，教师给予学生的课

堂表现评价要具有效性、合理性、相对公平性。所谓相对公平性，是指教师在教学活动中，既要关注表现良好的学生，又要给予表现较差的学生机会，针对此类学生设置合适的奖项，树立学生自信心和维护其自尊心，以促进学生的进步。

课堂表现评价广泛应用于中小学英语教学的各环节中。首先，在对话内容的课文教学中，教师可以采取对话表演形式，促进学生积极表演，设置表演奖和口才奖等相关奖项，不仅能提高学生参与英语对话表演的积极性，而且有利于提升学生的口语表达能力。其次，在语音内容教学中，教师可以设置最佳模仿奖，使学生积极模仿单词发音、句子发音等，有利于提高学生的英语基础能力。最后，在以小组为单位的英语教学活动中，可以设置集体荣誉奖项。但是，小组名称需要根据课堂教学内容而更换。例如，在关于国家名称的教学中，小组名称要为 Chinese、British 等；在关于水果内容教学中，小组可以用 apple、banana 等命名。

三、课外活动评价在中小学英语教学中的运用

在中小学英语教学中，常见的形成性评价除了包括课堂提问评价和课堂表现评价之外，还应包括课外活动评价。教师在英语教学中，应积极为学生建立成长档案，将学生在课堂教学中所获荣誉、英语自主创作内容、发现及收获等相关资料放入档案中，以激励学生更好地学习英语。在课外活动中，教师有必要进行有效的评价，给予学生更多肯定，促使学生插上想象的翅膀，对英语学习有更多创造性想法，既有利于活跃学生思维，又能激发学生学习兴趣，促进学生更好地学习英语。

课外活动评价在中小学英语教学中的应用。笔者在开展英语教学活动中，为学生建立了成长档案，并存入展现学生优点与优势相关的内容，学生不仅可以自己享受成功的喜悦，而且可以与其他同学进行分享。例如，在关于名片制作的教学内容中，教师引导学生积极制作属于自己的特色名片，充分调动了学生的学习热情和积极主动性。待学生完成后，对学生名片制作情况给予正确评价，并存入成长档案。另外，教师在学生成长档案中，既发现了学生学习中存在的不足及问题，又探索到拓宽学生知识领域的教学方法，对中小学英语教学的更好开展发挥着积极作用。

评价活动在中小学英语教学中占据重要地位和发挥着重要作用，教师有效利用形成性评价，既有利于教师对教学活动进行反思，又能发现学生的潜质与不足，进而对教学方案进行合理调整，确保英语教学活动更具针对性。另外，形成性评价的有效应用，使学生在英语学习过程中，能够获得肯定或激励性评价，帮助学生树立自信心，对激发学生英语学习兴趣和求知欲望发挥着重要作用。总之，形成性评价在中小学英语教学中的

应用，能够促进教师教学反思和学生学习反思，促进中小学英语教学活动的深入开展。

第五节　中小学英语赞赏式教学评价

赞赏式评价，是指教师在教学中运用鼓励性语言，给予学生赞赏和有针对性的评价，以此增强学生的自信心，促使学生信心倍增，更加积极向上，努力学习英语知识。赞赏式评价可以增强学生的内驱动力，调动学生的主动性，使课堂氛围活跃起来。学生在宽松的氛围中进入最佳状态，更好地学习知识点，必然会提高英语教学效果。

一、赞赏式评价在中小学英语教学中运用的意义

过去，中小学英语教师受传统教育思想的影响，始终以讲解知识为主，忽视赞赏和评价学生，使学生学习动力不足，很难激发学生主动学习知识，影响学生学习的效果。为了转变学生学习状态，教师在教学过程中应高度重视运用赞赏式评价。对于主动举手回答问题的学生，表述"非常棒""非常好"等鼓励性话语，并结合不同层次的学生，给予不同的评价，在激励学生的同时，使学生明确自身的优缺点，进而积极改正不足之处，使学生不断完善自我，逐渐改掉不好的学习习惯，促进学生有所进步。可见，及时欣赏学生，并给予评价，不仅能帮助学生建立自信心，还能使学生改正错误。学生在学习过程中结合教师给予的评价，明确自己不足的地方予以改正，不断进步。因此，教师要想发挥赞赏式评价在英语教学中的作用，必须提高对赏识和评价的重视程度，还应重视适度赏识、用肢体语言给予赏识。做到以上几点，才能达到激励学生的目的，驱使学生积极主动地学习英语知识，可见，赞赏式评价在教学过程中应用具有重要意义。

二、赞赏式评价在中小学英语教学中的运用

（一）结合学生表现运用赞赏性话语

中小学英语教师应认识到在课堂教学中缺少鼓励，难以令学生主动学习，导致学生学习主动性不高，学生在课堂上不积极举手发言不踊跃回答问题等种种表现，说明学生学习动力不足。对于这一现象，教师在进行教学工作时，应高度重视运用赞赏式评价。

例如，学习"How do you feel？"时，教师先详细讲解课程内容，之后，引导学生举手发言说出本节课的重点单词和语法，促使学生踊跃举手，而教师对于主动阐述的学生，给予鼓励和表扬，落实赞赏性话语，也可以发一些小礼品，以此激励学生。用多种

方式赞赏学生，可以使学生增强成就感和满足感，更加有信心地自主总结英语知识，学生在学习中积极归纳英语知识和语法，在教师的鼓励下，勇于说出英语单词和语句，进而获得表扬和奖品，促使学生更加积极地投入学习当中，学生的英语水平明显提升。可见，课堂教学中运用赞赏式话语是非常重要的。

（二）因人给予赞赏和评价

当前，中小学英语课堂教学中教师在运用赞赏性话语时，应结合不同层次的学生，给予不同的评价，运用不同的赞赏方式，促使全体学生都能感受到教师对自己的认可和鼓励，使学生在教师的引导下，改掉不好的习惯，逐渐养成良好的学习习惯。赞赏性话语和针对性的评价，能够促进学生进步，并激励各层次学生努力学习知识，不仅能消除学生不良的学习情绪，还能调动学生的学习主动性，使学生以良好的状态学习知识点，学习能力不断提高。此外，教师在教学中对于学困生，赞赏时表述"你一定行""相信你可以的"诸如此类的话语，可以使学生充满自信心，使学生积极学习英语语言。而对于英语成绩优异的学生，教师可以表述"为你骄傲""非常棒"等鼓励性语言，以此激励学生。同时，做到根据不同学生的实际情况，有针对性地给予评价和赏析，促使全体学生自豪感、自信心增强，积极改掉坏毛病，体现出运用赞赏式评价的重要性。

（三）运用肢体语言给予赞赏

相对口头上的鼓励，肢体语言更能够激励学生。因此，教师在讲解英语教学内容时，对于快速理解知识的学生，竖起大拇指，说出"真棒""非常棒"等赞赏性话语，通过肢体语言，赞赏学生出色的表现，起到激励的作用，促使学生更加主动举手，争相发言表述问题和想法，不仅营造活跃的课堂氛围，还激励全体学生，促使学生站起来说出心中的疑惑，教师阐释观点，耐心帮助学生解答，纠正学生错误的认知，帮助学生更好地学习英语知识。同时，教师使用肢体语言，在某种程度上，起到鼓励和暗示的作用，使学生不再畏惧发言，消除紧张感，学生能够主动说出疑问。而教师对于学生的表现应及时用肢体语言给予赞赏，激励全体学生积极向上，使学生始终保持最佳的状态学习、提问、思考、分析等，有利于提高学生的综合能力。

例如，学习"I have a pen pal."时，教师先讲解知识点，之后，引导学生举手，教师针对积极表述的学生，应鼓掌激励，达到赞赏的目的，学生踊跃举手，既活跃了课堂氛围，又使学生理解和掌握了英语知识。运用肢体语言赞赏学生，可以有效提高英语教学效率。

（四）适度赞赏以及综合评价

赞赏式评价主要目的是鼓励学生，起到激励的作用，为了实现这一目标，中小学英语教师在赞赏学生时，要注重适度赞赏学生以及综合评价，若语言鼓励过于频繁，会导致学生骄傲、自大，产生傲娇心理。为了避免出现这种情况，教师运用赞赏式评价时，要注意把握语言的尺度，还应综合学生的成绩、表现、学习能力、进步等各方面，给予评价，使学生感受到教师对自己的鼓励和认可，使学生更加积极完善自我，改掉坏习惯，有利于促进学生学习中不断改正错误。学生在赞赏性语言的激励下，主动探究、思考英语知识，逐渐增强学习动力，进一步提高学习的自觉性和积极性。

在中小学英语教学过程中教师运用赞赏式评价时，要因人给予赏识和评价，还可以运用肢体语言，鼓励和表扬学生，帮助学生树立信心，促进学生积极改正不好的学习习惯，主动向优秀的学生学习。促进学生在原有的基础上不断进步。可见，课堂上运用赏识式评价非常重要，对于提高英语教学质量起到关键性作用。

第六节　中小学英语教学中的测试与评价

经过实践我们发现，在中小学的英语教学中测试和评价是非常重要的，因此，测试和评价的方式方法和相关的准则都影响着英语的教学质量，像是一把"双面刀"，可以促进教学水平，但也一定程度上存在着负面的影响，因此，我们首先要了解英语测试与评价的基本理念和方式，帮助中小学教师开展相关的英语教学活动。

一、中小学英语测试与评价的发展趋势

目前，英语测试成为一门相对独立的学科。近些年来，我国学生的英语水平发展得非常快，对英语的测试和评价也逐渐增多，同时也有了一定的进步。一般情况下，大家都认为英语测试和评价工作是较为普通的，未看到其涉及领域的广泛。随着时间的推移，外语测试已经成为一门多领域交叉的学科，其中的理论知识包含了语言学和应用语言学、社会学、心理学、计算机科学等。英语测试主要是依据外语测试的思想和最终目的、相关内容、评分标准、以及数据分析、学生成绩等进行的，因此，进行英语测试是了解英语测试规律的关键性手段。

英语测试持续标准化发展。随着英语测试的改革速度加快，对于英语测试中的一些题型，如完形填空题、多项选择题的测试方式根据题型的不同而进行了相应的调整和改变。而且，随着现如今科学技术的迅猛发展，我国引进了相关计算机英语考试的测试方式，这样的运作模式可以做到大规模的设计试卷和制作试卷。

普遍重视交际语言测试。学习英语并不是为了做大量的题、考多么高的分数，最终

的目的还是进行语言交际。随着人们越来越重视英语交际能力的培养，对语言交际能力测试的项目也受到了人们的广泛重视，很多地区开始进行英语口语测试，很多考试项目也逐渐将英语口语测试列入其中，以实现语言交际测试的标准化进程。

进一步发展形成性英语测试评价系统。不同的环境、天资差异等使每一个学生都是不同的个体，并且在不同的阶段呈现出不一样的状态。经过实践研究，学生通过体验和实践进行英语学习，不但能加深学习印象，还能提升学生对学习英语语言的兴趣，因此，进一步发展形成性英语测试评价系统是大势所趋。

二、中小学英语教学中的测试与评价发挥的作用

诊断语言程度，找出语言问题。中小学生通过英语测试评价，可以看出语言的学习程度，并根据所学程度进行语言问题的详细分析，就像是在学生刚入学的时候，学校会举办模拟考试来摸底，看看学生的学习水平是一样的，这就是为了看学生的学习程度的，教师也会根据测试的结果进行适当的教学，制订适合学生的教学计划。

检验学习进度，制定解决措施。中小学进行英语测试评价能了解学生在一个阶段内的学习情况和对英语的了解程度，就像是学校组织的月考、期中考、期末考、单元考等一样，主要为了检验学生的学习情况，并根据学生的成绩和易错点进行有针对性的问题解决，从而查缺补漏。

衡量英语水平，展示学习状态。中小学进行英语测试评价能在一定程度上衡量学生的英语水平和学习状态，也能反映学生的综合学习能力，就像是各类筛选机制一样，将学生学习英语的优良程度进行有效反映。

查找针对问题，激励学生学习。中小学进行英语测试评价可以让学生看到自己的缺陷和优点，在英语学习的过程中多注意，扬长避短，激励学生学习英语，好的地方能让学生找到自信，感受学习英语的动力，不好的地方进行针对性练习，促进知识的再消化、再吸收。

分析教学成果，评价教学工作。中小学进行英语测试评价可以让英语教师将自己上课的成果和学生的自身特点充分反映出来，教师也能根据测试的成绩进行深入分析，根据反馈的相关信息，将教学状态和教学方式进一步改进，调整自己的教学方式，促进教学的完整性和成效性。

三、中小学英语测试与评价的标准

有效性。英语语言测试能将学生的英语程度测试出来，想要测试学生的语言能力，

可以采用写作的方式；想要测试学生的听力，可以采用听写的手段进行。英语测试能有效地反映多个方面的学习问题，通过不同的渠道进行数据搜集，将学生的问题全面有效地反映出来。

教育性。中小学英语测试与评价可以对英语语言的教学产生影响，比较完善的测试可以帮助学生建立正确的学习观念。例如，在听、说、读、写四种能力的分配上，学生往往将更多的精力放在听力方面，进而培养更好的语感和语言表现能力，这样的测试和评价十分有教育性。但是很多测试就显得没那么合理了，如在学生做多项选择题的时候，由于测试的频率使用得较多，加上有很多的干扰选项，导致学生将很多精力放在了完成多项选择题上，而忘记了英语语言的多样性和趣味性，导致教育性发挥得不够完善。

总之，中小学英语教学中测试和评价的使用前提必须是在了解测试和评价之间的关系之后，将测试和评价的结果运用于课堂改进教学之中，让测试评价的结果能为教师和学生所用，真正作用于课堂教学之中，提高英语教学的整体质量。

第八章　中小学英语教学的实践应用

第一节　项目教学法在中小学英语教学法中的应用

　　中小学英语教学法是一门培养学生教学理论、教学技巧的课程，是五年制师范英语教育专业的核心课程之一。该课程重实践、重运用的特点契合了行动导向教学法以就业为导向、以能力为本的本质特征。本节以行动导向教学法为理论基础，以项目教学法在中小学英语模拟授课中的具体运用为例，建构中小学英语教学法的授课模式。

　　党的十八大以来，国家决定加快发展职业教育，并指出当前和今后一段时期内，职业教育的培养目标应以服务为宗旨、以就业为导向、以能力为本位。确切地说，职业教育应注重培养学生包括专业能力、方法能力和社会能力的综合职业能力。姜大源认为，专业能力是指从事专业工作所必需的技能与相应的知识，方法能力是指掌握从事职业工作所需的工作方法和学习方法，社会能力则是指在工作中的学习积极性、独立性和与他人交往的能力。五年制师范英语专业的教育目标是培养一批能够传授知识、适应社会、有较强教育教学素养的中小学英语教师。但目前师范学校的教育仍偏重基础知识的学习，仍是教师讲、学生听的传统教学模式。该方法更适于知识的理解、识记，对知识的运用收效甚微。因此，要实现将知识学习、教学能力、人际交往能力相结合的培养目标，我们必须在教学模式、教学内容上实施改革。

一、行动导向教学法与项目教学法

　　行动导向教学模式源于 20 世纪 80 年代的德国。初入我国约在 1982 年，1995 前后才开始出现较为系统的反思与研究。进入 21 世纪后，关于行动导向教学模式的研究和应用日益兴盛。北京教育科学研究院职教与成教研究中心原主任柳燕君认为"行动导向教学实质上是在整个教学过程中，创造一种教与学、学生与教师互动的职业交往情境，强调学生作为学习的行动主体，通过学习活动建构知识，形成职业能力，能使学生适应未来职业岗位的要求，又能将这种构建知识的能力运用于其他职业，进而达到学以致用的效果"。"师生互动、职业交往情境、学生是学习的主体"是行动导向教学的核心概念。换言之，行动导向教学应以学生为主体、以就业为导向、以能力为本位、以职业活动为内容组织教学。

随着行动导向教学理论的深入研究和实践推广，以该理论为基础的教学方法通常包括项目教学法、引导教学法、案例教学法、角色扮演教学法、情境教学法以及任务驱动教学法。其中情境教学法、角色扮演教学法和任务驱动教学法是英语教学中使用最广、研究最多的教学方法。关于项目教学法在中小学英语教学法课程中的使用，广东外语艺术职业学院徐苏燕老师进行了深入的研究。徐老师从项目教学法起源、定义、优点、教学模式、实施效果以及该教学法对教师专业成长的帮助这几个方面进行了深刻的阐述，但其研究更多地侧重于理论上的建构，对如何具体实施，苏老师仅举了词汇教学一个例子，故笔者拟以中小学英语教学法课程中的模拟授课为例，具体阐述项目教学法如何在教学中培养学生的综合职业能力。

二、项目教学法的教学过程

项目教学法最初由美国教育家克伯屈 (W.H.Kilpatrick) 提出，徐苏燕经过整合将其定义为"以项目任务为刺激点，结合实际工作任务情境，根据职业岗位的需求，学生以小组为单位，探寻完成工作任务的方法，从而促使学生掌握完成工作任务必备的各种技能及知识，培养学生分析问题的能力、解决方案的能力，培养自学能力，树立学生的自信心，培养学生的团队合作精神和沟通表达能力"。该定义的核心与行动导向教学法是相同的，即强调以学生为中心，以职业情境、职业任务为依托，注重培养学生的综合职业能力。以此概念为依据，项目教学法的实施通常包括以下几个环节：

（一）确定项目任务

通常教师提出一个或几个项目设想，学生也可以提出自己的项目设想，然后由学生自主选择要完成的项目。项目确定后，与本组同学讨论并确定项目的目标和任务。

（二）制订计划

围绕确定的项目目标，学生首先以小组为单位制订项目工作计划，主要是确定工作步骤和程序，最后将本组计划交给教师审阅。

（三）实施计划

学生确定各自小组的分工以及小组成员合作的形式，然后按照已确立的工作步骤和程序工作。

（四）检查评估

改变传统的教师一元评估，实现自评、生生、师生的多元评估，即先由本组学生进行自我评估，再由其他小组同学进行评估，最后由教师检查评分。然后，师生共同讨论项目工作中出现的问题，学生总结处理问题。最后对比师生的评价结果，找出造成评价结果差异的原因。

（五）归档或结果运用

项目活动的心得，尤其是大家精彩的教学活动、合理的课堂组织模式等应归档或应用到课堂教学实践中。

三、项目教学法在中小学英语教学模拟授课中的应用

中小学英语教学法课程在五年制师范的第四年开设。该课程主要从课堂管理，词汇、语法、语音教学，语言技能教学以及实用教学技巧几个方面培养学生的英语教学能力。根据学校培养计划，四年级进行教育见习，五年级进行为期四个月的顶岗实习。因此，中小学英语教学法课程必须注重培养学生的课堂教学能力，这不仅是学生实习和找工作的必备条件，也是促进其职业成长的关键因素。

王蔷认为，一名优秀的中小学英语教师应具有丰富的语言知识、多样的教学技能和组织教学活动的能力。知识、技能、课堂组织能力是中小学英语教学法授课的重点。为了培养学生综合教学能力，应在英语教学法课程的第二学期开始让学生模拟授课。模拟授课旨在通过呈现逼真的中小学课堂，促使学生运用学过的教学理论和教学技能。确切地说，模拟授课是指每个学生轮流以教师的身份进行教学，其余的学生则扮演听课的"中小学生"。

某校模拟授课选用的教材是译林出版社出版的义务教育教科书《英语》。之所以用译林版的《英语》，一是因为我市中小学以此为教材，贴近学生毕业后的工作内容；二是因为该教材从视听入手，注重听说训练的编排模式，而且单元主题的选材更符合学生的认知规律，更贴近学生的生活。此教材的每一个单元由 story time，grammar time，sound time，culture time，cartoon time and checkout time 几部分组成。每一个部分均可作为一个独立的项目进行。下面以《英语》五年级上册第八单元 At Christmas 的 "story time" 模拟授课为例，阐述项目教学法在中小学英语教学法课程中培养师范生职业能力的运用。

（一）确定项目任务

根据单元授课内容将其分为阅读、语法、语音和文化四个项目。学生自由组合 6 人

一组，以小组为单位自主选择授课项目；然后，小组成员共同商定所选项目的授课任务。这样做一方面有助于调动学生的积极性；另一方面有利于不同组间（同课不同设计）的对比。下面以阅读项目的模拟授课为例。

（二）制订项目计划

明确了项目任务，教师应指导学生围绕所选项目的学习内容制订授课计划。计划主要包括资料收集与整合、教案编写以及 PPT 制作三个方面。

首先，收集、整合资料。指导学生利用各种资源，多方面收集授课案例。关于 Christmas 的授课，中小学乃至中高职的教材中都有涉及，相关的授课资源很多，教会学生选择最适合中小学生水平的材料并进行整合是此环节教师指导的重点。

其次，教案编写是帮助学生整理思路、明确授课内容、实现教学效果的关键环节。教师要引导学生根据教材上关于教案编写的要求，认真撰写教案，还要对学生编写的教案进行细致的审阅，使学生明确教案不仅要具有一定的格式，更要明确教学目标、教学重点难点、教法学法的呈现以及教学效果的反思。比如 At Christmas 的阅读授课中，基本涉及以下三个教学目标：知识目标即会读、会写关于圣诞节的表达；能力目标是指能够在真实的语境中向教师、同学以及亲友表达圣诞祝福，以及使用"First，next，then and finally"有条理地叙述一件事；情感目标则是使中小学生了解圣诞节起源、习俗，理解圣诞节精神，培养学生的跨文化意识。中小学生的外语学习，鉴于其年龄特点应以听说为主，因此在教案编写指导中应突出这一特点。

最后，制作 PPT。信息时代的教师必须具有时代精神。时代精神不只是对新知识、新技术、新信息的了解，更应该将其合理地运用于课堂。尤其是多媒体辅助教学、网络平台的微课、慕课和翻转学习的教育模式恰当地在英语教学中的运用，对于学生职业能力的培养是至关重要的。因此教师应关注学生的课件制作，对 PPT 中图画、声音、视频的整合运用，PPT 的背景、字体、色调的搭配均应予以关注，使学生在无形中培养现代教育技术运用的理念和能力。

授课计划的制订不仅为学生授课提供了基础，而且有助于学生巩固教学理论。模拟授课是任务重、工作量大的技能训练方式。恰当的分工合作是英语教学法课程实现教学目标的重要因素。比如收集、整合资料，PPT 修改，教案修改需要大家讨论；而教案编写、PPT 制作、授课以及授课后小结归档则需要明确小组成员的分工。在 Christmas 阅读课小组中，一个人负责搜集备课资料（比如圣诞电影视频、圣诞歌音频、PPT、圣诞节文档等），一个人负责选择整合资料，一个人负责 PPT 制作，一个人负责 PPT 修改，一个人负责授课，一个人负责小结、归档。为了培养学生的综合职业能力，教师还应指导学生轮流承担项目的不同分工。

（三）实施项目计划

实施计划是项目教学法的核心。实施计划是指学生根据准备好的教案以及 PPT 进行模拟授课的过程。一次教学法授课时间为 90 分钟，教师可以给每组学生 15~20 分钟进行授课，每次进行 3~4 组。模拟授课应展示完整的授课环节，包括热身、新课呈现、知识操练和成果展示。模拟授课的学生以教师的形象出现，其余的学生以"中小学生"的身份配合。同时指导老师每节课应留出 30 分钟的时间进行评估。下面是一个学生的阅读模拟授课内容。

1.Warm-up

该生播放了 Jingle Bells 和 We Wish You a Merry Christmas，以歌曲形式导入课堂内容，然后问"中小学生"是否喜欢这两首歌曲以及是否知道这是关于什么的歌曲。得到"中小学生"的响应之后，"老师"通过询问如何准备圣诞的讨论引出本节课的教学重点。

2.Presentation

此环节涉及圣诞节相关基础知识讲授，该生设置了三个教学步骤。首先，通过 Brainstorming，让"学生"说一些关于圣诞节的事和物，比如圣诞树、圣诞老人、长筒袜，等等，教师均以中英文对照的方式呈现。接着，教师问"学生"想不想了解外国人是如何准备圣诞节的。得到回应后，教师播放 Story Time 的课文，并让"学生"根据课本插图思考准备圣诞节需要几个环节。最后，教师引导学生找出表示环节的单词——"first，next，then and finally"，并对其含义做简单的解释。

3.Practice

在知识巩固阶段，该组设置了三个任务：首先是跟老师齐声诵读 story time 的课文内容；然后做 read and match 练习，也即是教师给出英语表达和图片，让学生将英文表达与图片相匹配；最后将"first，next，then and finally"的叙述词加入。

4.Production

在此教学环节，该组以制作圣诞礼物为项目，要求学生运用 first，next，then and finally 进行制作，比如制作圣诞贺卡(First，fold a card；next，draw a picture；then，write your message and finally，write your name.)，通过这样的方式反复使用描述环节的词语。

5.Summary and Homework

该组的作业是学唱 We Wish You a Merry Christmas。

（四）项目检查评估

检查评估指对学生在项目活动中授课内容和授课方案的评定，是行动导向教学模式的重要一环。柳燕君老师关于职业教育学业评价模式做过系统的研究，她认为"评价理念应由重视结果性评价向重视过程性、发展性评价方向发展"。鉴于此，学生的模拟授课评价也应该注意评价主体的多元性、评价方式的多样性、评价内容的丰富性。

教师指导教学评价是检查评估发挥作用的重要因素。教师不仅应引导学生以诚恳的态度对待评价，使学生明白评价是为了促进职业能力成长，是生生、师生间的教学研讨，是取长补短的思想交汇，还应使学生明白他们是学习的主体，鼓励学生进行自评、小组评价以及与其他小组的互评。此外，评价内容也是指导的重点。比如，Christmas 阅读课的模拟授课评价内容不仅包含教学内容、教学环节、教学方法、活动设置、PPT 制作，还应包括"教师"的语音语调、课堂掌控能力、时间分配、教态等相关信息。此外，评价内容应中肯、客观，既有优点、亮点的肯定，又有缺点、不足的指出，尤其要有可行性建议的提出。最后，在评估环节除了指导之外，教师作为项目活动的总设计者还应该结合学生的评价对该节课的讲授予以总结性的评估。

（五）项目结果归档

归档环节主要帮助学生形成反思、归纳的教学习惯。反思与归纳是一个人不断成长的根本原因。归档内容通常包括项目活动的优点、不足以及改进的方式。此外，还包括小组中每一位成员对此次项目活动的感受。在 Christmas 阅读组的模拟授课后，学生做了如下的归档。

1. 优点：歌曲导入，有助于激发兴趣；团体操练有助于技能掌握……

2. 缺点：过于程序化，没有切合学生的接受水平；教态拘谨；学生活动自主性不足……

3. 改进方式：深入了解学生；尽量变得自信；多听同学建议……

4. 自我感受：将知识有效传授给学生是一项挺困难的工作。教学效果是师生互动的结果……

项目教学法体现了教师对学生能力的信任。尽管学生还未踏入真正的中小学课堂，但从项目活动的归档部分，经常能够读到一些真切而又深刻的感受和见解。亲身体验会强化学生的价值感和动力。

行动教学法是一种倡导以就业为导向、能力为本位、学生为主体的教学理论。项目教学法作为践行行动导向教学理论的一种方法，与行动导向教学是一脉相承的。中小学英语教学法是一门培养师范生职业能力的课程，因此以行动导向为基础的项目教学法能够有效实现培养师范生职业综合能力的教育目标。尽管笔者在授课过程中尽量采用项目教学法，但是完善的课堂模式建构在师范学校其他科目中的运用，仍然需要不懈的努力。

第二节　中小学英语教学法课程中教师的中介作用

目前，英语作为一门比较实用的语言已经得到了高度的重视。对于一些平时很少接触英语课堂的学生来说，学习英语会存在很多障碍，因此，中小学英语教学法课程教师应当发挥必要的纽带作用，努力使学生课程学习的内容和中小学课堂紧密联系在一起。本节主要论述中小学英语教学法课程教师中介角色的定位意义和作用，同时还对中小学英语教学法课程教师角色的现状进行深入分析。

中小学英语教学法课程教学结合中介作用理论具有一定的可实施性，在教学过程中，如果教师重视学生的主体性，并且与学生进行有效的互动，那么对于学生的独立思考就有很大的启发作用，再通过有针对性的培养训练，就可以实现让学生将理论知识转化为学习技能的目的。

一、中小学英语教学法课程中教师中介角色的定位意义

中小学英语教学法课程集理论性与实践性于一身，在学生少有机会接触中小学英语课堂的情况下，承担本课程教学的教师是学生将所学的课程内容与中小学课堂相联系的唯一纽带，教师的中介作用主要体现在示范者、课堂教学任务设计者、指导点评者、资源提供者等几方面。

从社会建构主义理论来看，教师扮演的是一个中介角色，其在传递知识的同时还帮助学生不断地完善和发展。教师的主要任务是时刻关注和改进课堂教学内容、教学方法和教学技术，除此之外，密切注意学生的动态也是非常重要的一个环节。在教学进程中，教师不仅要传授知识给学生，还必须结合学生的实际情况来调整教学计划，帮助学生掌握自我管理的技能，提升独立学习的能力。

随着社会的不断发展进步，掌握英语基础知识并且能够使用英语与人交流已经成为社会对人们的一种需求，因此，对中小学英语教师的专业素质加强培养是一项具有重大意义的任务。当前，英语教育在我国已经慢慢普及，其教学理念和方式也发生了一系列的改革，除此之外，教师在中小学英语教学法这门课程中的角色也发生了很大的转变，他们不再只局限在课堂知识传授者这一个角色上，更多扮演的是一个中介角色，启发和引导着学生朝正确的方向发展，达到学生个人预期实现的目标。因此，将中小学英语教

学法课程教师定位在中介这个角色上的意义是十分重大的。学生能够通过与教师的互动和交流慢慢学会独立思考，而这种独立思考的能力又可以大大增进学生对英语知识的理解，从而使英语学习变得更加简便、灵活。

二、中小学英语教学法课程中教师的中介作用

（一）示范课堂教学及实践活动

中介作用理论是在社会建构主义理论框架的基础上建立起来的，它认为学习者从一开始就和周边的人建立各式各样的联系。在与这些人的持续交往、互动中，他们学会了使用语言并了解世界。就社会建构主义理论而言，教师承担的是"中介者"的角色，而具有不同知识和技能水平的人在一起进行互动则是有效学习的关键。

为了加强学生对英语课堂的理解和认识，教师在讲解的过程中可以适当地进行一些示范，在教学过程中，教师应当严格端正自己的姿态，不仅要口齿清晰地发出标准流利的语音，还应该合理地做出一些肢体语言来辅助加强教学。除此之外，教师还要合理地设计板书和规范书写，最好会创作一些简笔画，这能为中小学生起到一个良好的启蒙作用。例如，当教师要对一个课堂活动片段进行模拟时，一方面，教师要起到一个英语教师的作用，对知识进行讲解；另一方面，他又要扮演一个示范者的角色，对相应的过程做出示范，以便所有的学生都能够搞清楚教学活动的每一个环节。这种讲解和示范相结合的方法能够大大促进学生对知识的理解吸收。

（二）设计课程教学任务

知识是每个学习者通过自身的努力学习来获得的，而不是依靠别人的传递才拥有的，学习是一个自发的过程，只有对问题进行积极的思考和自主的研究，才能获得有效的学习，拥有更多的知识。因此，在进行教学的过程中，教师除了要向学生传授书本上的理论知识，还要结合教学案例设计一些具有针对性的问题来让学生进行自由的讨论和分析，通过这种教学方式，可以帮助学生深入理解问题和彻底消化知识。对于中小学生的英语教学，要想提升学生的教学实践能力，单单依靠教师的口头讲述以及对英语教学录像和教学案例进行研究探讨都是远远不够的，必须采取微型课堂模拟的方式，具体做法就是打破传统教学，让学生走上讲台，给他们自由发展的空间。例如，教师拟定一个话题，让学生各自分组讨论和准备，然后再以小组为单位上台演示，同时，下面每一个观看的小组又是评委，提出问题和建议，全体同学进行互动与交流，达到共同进步的目的。这在一定程度上对教师的教学任务设计提出了更高的要求，教师不仅要考虑英语课程教学的内容，还要以教材为蓝本为学生设计一些具有针对性的任务，任务的具体作用是帮助

学生理解教学过程，明白听、说、读、写各个技能的侧重点，以便学生更好地完成学习计划。

（三）指导点评学生的教学观摩和教学实践

为了让学生能更真切地感知中小学生课堂的真实情景，教师可以合理地尝试观摩教学录像的教学方法。通过观摩一些优秀的中小学英语教师的教学录像，不仅可以提升学生对课堂的适应能力，还能让学生从这种优质的课堂教学中收获知识和接受熏陶。在进行教学观摩时，教师应该把自己的角色定位在一个积极的引导者上，而不是一个默默的旁观者。作为一个引导者，教师应当根据教学录像的内容，有目的性和针对性地提出一些具有思考价值的问题，启发学生对教学现象深入思考。另外，教师也可以在上观摩课前就提出几个问题，让学生带着问题去观看录像，看着录像去思考问题，以便于学生有重点地去进行录像观摩，从而得到更多的体会。例如，教师可以让学生思考录像中的某个语句使用了什么语法或者课堂中开展了哪些操练活动，这些活动有哪些步骤等。同时，教师也可以针对录像中一些比较重要的教学内容，对学生进行一些补充性的说明，加强学生对英语教学的基础理论和重点理论的了解和掌握。对于一些重视观摩教学的学校，还可以把往届实习生的教学汇报课录像拿出来作为观摩教学的资源。当学生观摩这些录像时，教师可以让学生尝试在看录像的过程中展开自由讨论，并且针对讨论的问题给出建议。当然，教师应该始终意识到自己的指导作用，对于一些比较典型的教学过程和活动环节可以给予一定的评价，从而让学生明白哪些地方是值得学习借鉴的，哪些地方又是需要避免的。有效的教育实习能够帮助学生合理地使用专业理论知识，而这种提高与教师的启发指导又是分不开的，这进一步说明教师的指导点评作用对于学生的英语学习具有十分重要的意义。教师对学生的指导工作主要是从听课、备课和讲评这三个方面进行的。在听课前，教师不仅要让学生知道听课的重点在哪里，还要让他们注意到教师是怎样联系教材展开教学和设计教学内容的，从而让他们能够真正理解教学内容。对于备课，教师可以通过观摩实习生的课堂教学情况，了解实习生的教学思路，进而对其教学设计提出一些合理的建议，帮助他们使教学更加生动完整。指导教师在观摩完课堂教学进行讲评时，为了不打击学生的积极性，应该先指出其优点，再委婉地提出不足和改善意见。

（四）教师是教学资源的提供者

为了让更多的学生能够适应英语教学，英语课程改革一直都没有停止过，其基本思路就是要寻找科学的课程资源，使学生对英语的学习和应用能力能够大大提升。这在一定程度上要求中小学英语教师具有一定的开发利用教学资源的能力。在英语教学法的教学过程中，很多实践素材都不能通过教材来得到满足，但这些对于学生的教学又是必不可少的，因此，教师应该摆脱传统的做法，将自己的视线由教材转移到课外素材中。例如，教师可以利用录像教学资料或是从一些英语网站和论坛上下载一些资源来辅助教学，对于眼下比较流行和热门的信息资料，可以有选择地传递给学生，使他们的视野更加开阔。除此之外，教师还应当充分发挥自己的引导作用，帮助学生学会寻找和利用学习资源。引导学生开发新的课程资源，有利于学生独立理解教学任务。例如，老师可以向学生推荐一些比较实用的英语网站或是一些适合练习英语听力和口语的电影素材，以提高学生的综合素质。

三、中小学英语教学法课程教师角色的现状

现阶段，随着我国文化教育的改革，教师在教学过程中所扮演的角色也逐渐发生了改变，但由于受到我国传统思想的深刻影响，许多情况下，英语教师仅仅起到一个传授课本知识的作用，这导致学生的实践能力比较差。在英语课堂上，基本忽略了学生的感受，大多是围绕老师的意志在教学，其主要原因有以下几个：第一，我国的教育理念还比较落后，传统思想还有很深的影响，教师很容易以自身的想法左右学生，只注重理论知识的单方面传授，忽略了教学方法的设计；第二，组织方法不恰当，传统的教学内容是概念、历史和步骤，在整个教学过程中，大多以老师讲、学生听的方式在进行，学生没有办法收获很多实践知识。目前，教师在中小学英语教学法课程中的角色科学定位还没有普及，这需要国家和学校的共同努力，相信总有一天，教师会在中小学英语教学法课程中充分发挥自身的中介作用，达到科学教学的目的。

总而言之，中小学英语教学法课程教师的中介作用在英语教学中具有一定的科学合理性，通过英语教师的中介作用，可以对学生起到很好的指导和启发教育，有针对性地对学生进行培养训练，实现让他们将理论知识转化为学习技能的目标，让学生的英语学习生活变得轻松愉快，进而培养学生的职业意识，让学生热爱教师职业，让他们具备教师的责任心和敬业精神，树立高尚的师德，升华学生对教育对象的爱。

虽然我国还有很多学校没有科学定位英语教师的角色，但我们相信通过国家教育部门的努力改革，总有一天，这种现状会得到改善，英语教育也会得到全面发展和提高。

第三节　中小学英语教学中微课的应用

现代科学技术的发展日新月异，对我们学习和生活产生了重大的影响，作为社会生活中的重要组成部分，教育领域的现代化、信息化程度得到了进一步的发展。正是在这样的发展背景下，微课的教学模式应运而生，受到越来越多老师和学生的欢迎，微课是现代信息技术在教育教学中应用的体现，它将现代信息技术与知识教学做到了完美结合。

一、微课在中小学英语教学课前预习阶段中的应用

中小学阶段的知识教学不同于其他的知识教学阶段，中小学阶段的教学更加侧重于知识的讲授和学生学习兴趣的激发，因为中小学阶段本就是一个打好学生学习基础和学生养成良好学习习惯的关键时期。学生在中小学阶段知识学习的好坏，不仅会影响到学生整体学习成绩的高低，还会影响到学生以后的学习和成长发展。所以在中小学阶段的知识教学中，教师要通过微课的方式调动学生知识学习的兴趣和积极性，让学生在微课视频的带领下，加强对本部分英语知识的预习，从而充分发挥知识预习在学生知识学习中的重要作用，使学生的知识学习过程更具方向性和实效性。

比如，在英语课程"Colour"的教学过程中，首先，教师要在自己的知识备课阶段，针对本课知识的具体教学内容和相关的教学与教学目标，完成本课微课预习视频的制作，并设计本课英语知识的教学流程。在微课视频制作中将本课涉及的英语词汇：black、blue、brown、white 和英语句型：What colour is my…?What colour is it now?What colour is this…? 采用图片、动画等方式重点讲解。然后，教师要将制作好的英语微课视频发放给班级学生，要求班级学生在本课知识的预习过程中，一方面完成对英语课本内容的详细阅读，另一方面根据微课视频的相关内容进行本课知识的课前预习熟悉，对本课所学知识内容形成一个系统化的认知和了解。最后，教师要求学生在知识预习过程中，清楚地记录下自己不理解或存在疑问的知识点，留到课堂上与老师和班级其他同学进行讨论学习。

二、微课在中小学英语教学课中重难点突破时的应用

在中小学英语知识的教学中，由于学生的年龄较小、学习能力和独立思考能力还有所欠缺，在面对英语科目较复杂或较困难的知识点时，很容易出现丧失学习信心的情况，

从而严重影响到学生学习兴趣的激发与英语教育教学目标的落实。面对这一教学问题，采用微课的教学形式就再合适不过了，微课教学将复杂的英语知识点拆分成一个个独立具体的知识内容，并通过微课视频的方式呈现出来，对于英语的重难点知识内容还可以进行反复的视频播放，引导学生在直观性的英语知识学习中，更加快速全面地理解和掌握英语知识，促使学生的英语知识学习更加精细化、具体化。

比如，在英语课程"Happy New Year!"的教学过程中，首先，教师要在进行本课知识讲授的过程中，给班级学生梳理出本课知识的相关知识点：①能听懂、会说、会读日常用语和句型 Happy New Year！ What's this/that？ It's…This is for you. ②能听懂、会说、会读词汇 uncle、doll、ball、robot。然后，教师要采用微课的方式讲授知识，利用微课视频给学生营造出春节的教学情景和氛围，让学生在真实的教学情景体验中，更加深刻全面地认识和了解到相关的英语知识。最后，教师要把本课的重点英语句型利用微课进行详细讲授，不仅要让班级学生清楚地认识到这个句型的特点和运用领域，还要让班级学生在英语读说微课视频的有效引导下，积极进行重点英语句型的运用。

三、微课在中小学英语教学中知识巩固与强化中的应用

学生在英语知识学习过程中难免会出现不适应和记不住等问题，这就需要在知识学习中加强对所学知识内容的强化复习，而学生在知识复习过程中由于掌握得不牢固，也很难做到全面。而微课教学方式在中小学英语教学中的应用，就为学生的英语知识巩固学习提供了更加便捷的渠道，学生可以在复习中利用微课视频再次学习自己的知识薄弱点。同时微课的复习方法还提高了学生知识强化的效率，使学生在知识学习中做到方向明确、重点突出，避免学生在知识巩固与强化的过程中走弯路、浪费时间。

比如，在英语课程"In the library"的教学过程中，首先，教师在完成本课知识内容的全面讲授后，要将课堂学习时间充分交到学生手中，让学生进行本课知识的课堂梳理。同时在梳理过程中要采用微课的方式，要求学生对自己没有及时掌握或存在学习困难的部分，结合自己的知识学习程度和特点，进行微课视频的反复观看。然后，在自己进行本课英语知识课堂检测巩固的时候，对不会的英语题型，也要通过观看微课视频的方式及时查找到自己的知识漏洞，进行及时的弥补学习。最后，在学生本课知识梳理完成后，教师要收集班级学生共有的学习问题，在课堂上再次运用微课的方式给学生进行相关英语知识点的讲解，保证学生更高效地进行知识学习。

微课在中小学英语课堂的应用，摒弃了传统讲授式课堂枯燥、呆板的弊端，充分激发起了学生知识学习的积极性，做到学生学习主体、具体英语教学内容与微课教学形式

三者的统一，全面提高了课堂英语教学效率和学生的英语知识学习效率。

第四节　Phonics 在中小学英语教学中的运用

Phonics 能教会学生英语拼写和读音关系的基本规律，让学生见词能读、听音能写。分析 Phonics 的教学原则与方法，并把 Phonics 运用于课堂，以提高学生识记单词的兴趣与能力。

"授之以鱼，不如授之以渔。授人以鱼只救一时之急，授人以渔则可解一生之需"。一项人类特有的人才培养活动，应该是解人一生之需。不管是何种学习，教会学生如何学习比传授知识更加重要。在英语教学中，语音教学对学生的可持续发展非常有帮助。因此，一套行之有效的语音教学法将有利于学生更好更快地掌握单词。

一、Phonics 的概念

Phonics 即是字母拼读法，也有人称为自然拼读法，是字母与发音之间的对应规则。它的基本原理就是教给学生一些英语拼写和读音关系的基本规律；让学生可以看到一个英语单词，就能读出来；或者听到一个英语单词，能够按照读音规律拼写出来。它简单高效，符合人类学习语言的规律，尤其适合非英语为母语国家的初学者。

二、Phonics 应用优势

关于语音的教学方法很多，phonics 教学法是目前国际上最推行的英语教学法，也是美国语言启蒙所采用的方法。在中国推广这种教学法有很大的优势。

首先，语音学习的正迁移，就是其在推广过程中的一大优势。低年级的学生已经学过中文的拼音系统，学会了用拼音来拼生词。教师可以好好利用学生的这个能力，因为一些英文字母的发音跟中文的拼音有很大的相似点。

比如，教师在教字母 h 所对应的发音的时候，可以让学生先读拼音 h，并让学生保持这个口型，尝试一下不发出声，然后再让学生做跑步状，然后气喘吁吁地发音，或者对着窗户呵一下，这样，学生自然就记住了字母 h 的发音。值得一提的是，这样的例子还有许多，如字母 b、p、m、f、d 等的发音。

Phonics 可以培养学生的自学能力。Phonics 的应用，让学生意识到，英语单词就是字母及字母的组合，根据正迁移以及一些字母组合的发音规律，慢慢地学会独自看读，拼读单词，这对将来的英语学习，相信会有很大的帮助。

三、Phonics 的教学原则及方法

Phonics 是一项长期、需要时间以及足够耐心的教学，我们应该遵循一步一个脚印、从易到难的原则。

在刚开始接触阶段，教师可以运用语言的正迁移，让学生感受到英语发音跟中文拼音是可以进行合理迁移的，如果先让学生感受下字母 b、p、m、f、d 等的发音，学生就会觉得这些字母的发音与中文发音口型基本一样，只是发音方式上稍有不同。这样可以训练 26 个字母的发音，让学生突破认读困难。

第二阶段，可以试着让学生拼读一个完整的单词，如在教授单词 "cat" 的时候，可以先分别认读字母 c、a、t 的发音，然后再把字母放一块，让学生把字母 c、a、t 合起来，试一下读出来的音，多练习几次，学生很容易就掌握了。在训练这类单词时候，教师可以通过变换辅音或元音，让学生认读，如把 c 换成 h(hat)、b(bat) 等，把 a 换成 u(cut)，或者把 t 换成 p(cap)、n(can) 等，让学生多认读，尝试自然拼读音。通过练习，学生就可以变换辅音或者元音来多认识如 egg、big、fox、tub 等相对比较容易的单词，进行看读、拼读，并拼写。

第三阶段，相对复杂、重要，就是学习字母组合的发音。在前面的基础上，学生已经掌握了拼读，但是有时候会遇到一些很难一眼就能自然拼音的单词，如 teacher，对于这类单词，就要总结字母组合的发音规律，如 ea、ch、er 的组合规律，并通过练习不断加强字母组合规律的发音。

在这个学习过程中，有时候会遇到一些问题，比如学生在拼读 head 这个单词时，可能发现 ea 字母组合的发音不是只有一个。对于这类问题，笔者认为不必去强调，而是可以稍微解释下。

四、Phonics 教学的创新应用

有英语学习经验的人都会有这样的体会：学英语没有一定的毅力是不能收获成功的喜悦的，而孩子终究是孩子，他们没有足够的耐心去记忆枯燥的字母组合及发音。因此，激发学生学习兴趣是教师的首要任务。教师可以根据中小学生好奇、好动、好玩等心理特点，用教具、游戏、说唱等让学生乐在其中。

教师可以通过实物、玩具，或者图片直接展示，当然有教具就更好了。比如说，可以做一个日历教具，把年、月、日都分别换成 26 个字母的卡片，然后串起来。这样一来，

学生就可以翻字母卡片来拼单词，学生可以更多地熟悉 26 个字母，而且可以通过翻字母卡片，来练习拼读。

说唱简单，朗朗上口，便于记忆，把原本枯燥的字母教学变得有声有色。如教 sh 的读音时，我们可以运用说唱，运用 TPR 纯体验式语言学习法教学法让孩子动起来。

在教学中渗透 Phonics 教学法时要讲究方法，不要总是讲解理论或者硬背发音规律，这样在增加学生负担的同时也会令学生产生厌学情绪。Phonics 教学法有自身的优势，在教学中我们要尊重教学原则及方法，并大胆创新教学运用，让它更好地服务于中小学英语课堂，让学生学会拼读、记忆单词，为今后的英语学习打下良好基础。

第五节　中小学英语活动教学中创新模式的运用

中小学英语活动教学是培养学生英语口语表达能力和理解能力的主要途径，在新课改背景下，中小学英语活动教学充分运用创新模式，在传授教材知识的同时重视对学生英语综合能力和兴趣的培养，提升学生英语学习的能力和热情。

一、创设不同的教学场景，活跃教学气氛

中小学英语教师在教学过程中可创设不同的教学场景，给予学生丰富的感官刺激，激发学生对英语教学活动的兴趣和好奇心，调动学生学习英语的兴趣，活跃英语教学气氛，从而提升活动效果。

例如，在译林版中小学英语三年级上册"Unit6 Colours"的教学中，为了让学生更好地掌握和运用课文里 green、orange、red、yellow 这些表示颜色的英语单词，教师可以带领学生走出教室，要求学生观察学校里的事物，并找出这些颜色，然后用"Look at..."" What colour is it？" "It is..."句型来分享自己的发现，提出自己的问题，回答其他学生的问题。在这种室外教学场景中，学生会将生活中的事物与英语学习内容有效融合，既加深了学生对英语知识的理解，又提升了学生的英语口语表达能力、观察能力和交际能力。

二、借助多媒体教学，提高教学效果

中小学英语教师在教学过程中可借助多媒体将枯燥的英语课文生动形象地呈现在学生面前，充分调动学生的主观能动性。此外，教师还可拓展多媒体教学思路，除了运用

电子白板和 PPT 课件，还可利用投影仪、微课等现代化多媒体教学手段，丰富教学内容，提升高英语活动教学的效果。

例如，在译林版中小学英语三年级下册"Unit7 On the farm"的课堂导入环节，教师可为学生播放课前准备的农场视频，将农场中的 duck、chicken、pig、cow 等小动物以及 apple、pear、orange 等水果活灵活现地呈现在学生面前，同时，用纯正的英语在视频中进行介绍。学生在观看视频后会增加学习的欲望，在倾听英语介绍的过程中提升英语听说能力和理解能力。这种教学方式，切实提高了学生学习的积极性，为接下来的教学打下了坚实基础。

三、充分尊重学生，自由组建兴趣小组

在英语教学过程中，中小学英语教师要明确学生是学习的主体，意识到自己是学生英语学习的引路人，要充分尊重学生的想法，了解学生的差异，鼓励学生在教学活动中自由组建兴趣小组，让学生在拥有共同喜好的小组中，更加积极地学习英语，从而促进学生之间的英语交流，提高英语活动教学的互动性，不断提高学生的英语水平。

例如，在译林版英语四年级下册"Unit2 After school"的合作学习活动中，教师可以让学生根据自己课后的兴趣活动组成小组。学生自由组成了"足球小组""跳舞小组""四驱车小组"等小组，然后，教师给学生布置"What will you do after school today?"这个讨论题目，让小组成员一起用英语讨论放学后会做的事情，这种活动教学方式拉近了学生与学生之间的距离，加强了学生之间的英语交流，让学生感受到了被尊重，提升了学生英语学习的使命感与责任心，让学生在合作学习中切实提升了英语理解能力和口语表达能力。

总之，中小学英语教师在活动教学中有效地运用创新模式，能激发学生的学习兴趣，调动学生英语学习的欲望和主动性，提高英语活动教学质量，促进学生英语水平的不断提高。

第六节　中小学英语教学中应用思维导图的作用

中小学英语教学教师应当结合新课程标准要求创新教学方式，积极运用思维导图教学法，拓展学生思维，提升学生英语自主学习能力。教师通过正确的引导与帮助，激发学生的学习主动性与积极性，加强思维导图的应用，使学生能够在思维导图的框架引导下，拓展思维，养成良好的学习习惯。本节对中小学英语教学中应用思维导图的作用进

行了探讨。

一、中小学英语教学中应用思维导图的作用

（一）提高课堂学习效率

思维导图的使用在中小学英语课堂教学可以有效地促使学生思维的开发，进而提高课堂教学效率。首先是思维导图能够很好地把控住教学中的关键点，把一些散乱的知识加以整合，并且把一些不太重要的知识点进行摒弃，使用以点至面的方式来实现教学的目的。从中心词汇入手，把全部知识整合成一个完整网络，建设一个记忆性的框架，让学生能够对所学知识进行自我选用以及整合。

（二）营造轻松的学习氛围

随着教学方式的逐渐改革，学生在课堂教学中的主体地位已逐渐显露出来，教师不再使用填鸭式的教学方式，而更多的是综合学生实际需求及其接受能力等多个方面进行有效的教学。这种方式一样适用于思维导图式的教学。在中小学英语教学中，思维导图式教学能够抓住学习中的重难点，指导学生在思维上进行发散，并且接近于真实的语言环境，让学生能够在轻松有趣的氛围中对新的知识进行学习与掌握，建设属于自身的思维知识网络。

（三）让学生发挥创造性

和传统的教学方式相比，思维导图的教学方式更加重视学生的特征，在教学中能够起到连接与督促的作用。学生若是正确地掌握了思维导图教学方式，就能够依据自身在知识上的需求进行加工，并且将自己的想法融入其中。

二、中小学英语教学中思维导图的应用

（一）思维导图在词汇学习中的应用

中小学英语学习的最大难点是单词的学习和词汇的运用，由于中小学生英语学习的文章短、词汇多，实际上学习一篇文章几乎都是在学习新的单词。如何用直观形象的方法帮助学生学好单词，学会词汇的运用，一直是中小学英语教学的难点。通过思维导图的方式，降低学生开口说英语的难度，他们愿意开口说英语，既培养了学生的口语能力，又激发了学生的学习兴趣，帮助学生利用思维导图去学习单词和语法的运用，让思维导图在词汇学习和运用中发挥巨大的作用。英语单词的学习是学习英语的基础，在英语教学中，教师可以利用思维导图把与主题相关的词汇呈现给学生，这样不仅有利于学生理

解，也有利于他们进行自主学习，并提高学习效率。

（二）应用于单词记忆中

单词如同盖房的砖瓦，学生要学好英语，必须加强单词记忆，才能奠定良好的英语基础。教学经验证明，多数中小学生的单词记忆不过关，学生大多采用死记硬背的传统记忆方式背单词，不仅记忆时间短暂、容易忘记，而且浪费学习时间，达不到预期的背诵效果。对此，中小学英语教师可利用思维导图的教学方式，引导学生对单词进行强化记忆。首先，教师将单词进行归类，可根据特定的形式进行区分。

（三）思维导图在语篇阅读中的应用

1. 利用思维导图指导学生进行语篇阅读

小学高年级的英语课文篇幅较长、生词多，结构也比较难把握。教师在教学过程中可以根据教学的内容边讲边把思维导图呈现出来，再根据思维导图介绍全文大意，学生根据思维导图的内容再进一步提出中心主题和主干问题，引导学生从课文的整体去理解全文内容。根据思维导图的提示学生更容易记住所学内容，其中图中的关键词、图画、连线等都为信息提取提供了很好的线索，增加了自动化输出的机会，会更容易背诵课文。

2. 利用思维导图引导学生自主学习

对于结构简单的课文的教学，可以利用思维导图引导学生学会自主学习，教师不需要过多的讲解。通过思维导图引导学生分析篇章，从而提高学生的学习效率。

3. 思维导图在写作教学中的应用

英文写作对于刚刚接触英语学习不久的中小学生来说，难度是非常大的。众所周知，写作之前要有思路才能把文章写好，而且大多数中小学生面对英文写作没有思路，甚至完全不知道该如何下笔。针对这种情况，教师就要让学生熟记课文中的每一个句型，学一个就要牢牢地记住一个，这样才能在写作中熟练运用已学的句型来进行变换，成为自己的句子。为了充分发挥思维导图在教学中的作用，教师还可以帮助学生根据学习内容绘制思维导图，帮助学生理清思路，把文章的框架通过思维导图呈现出来。在思维导图的引导下，中小学生就可以根据思维导图的提示，轻松写出自己的小作文，不但拓展了学生的思维，还激发了学生的学习兴趣。另外，如果能够请学生在课堂上朗读自己的作品，则能增强学生的信心，久而久之学生的能力也会提高。

（四）应用思维导图开展英语会话教学

在中小学英语课堂中，积极开展会话教学是很重要的，不仅能够培养和提升中小学生的英语口语表达能力，而且能够为中小学生对所学英语知识内容的学以致用奠定良好的基础。在英语课堂的会话教学中，教师可以借助思维导图教学模式丰富教学内容，进而为中小学生创设更为真实的语言交流环境。例如，在关于"自我介绍"的英语会话教学中，教师可以与中小学生共同运用思维导图设置会话内容提纲。英语教材中，涉及的自我介绍内容以姓名、年龄、家庭住址等方面为主，但在思维导图的作用下，教师和学生可增设自己的兴趣爱好、理想等方面内容。如此，在英语会话教学中运用思维导图，学生的口语表达能力、英语逻辑思维能力都能得到明显的提升。

综上所述，教师在中小学英语教学过程中运用思维导图，将复杂知识点更生动形象、更直观地展现出来，不仅可以培养学生的思维能力，还可以帮助学生构建知识体系，提高学生的积极主动性，提高学生的学习效率，让学生在一个轻松、愉悦的环境中快乐地学习。

参考文献

[1] 蔡宝来，张诗雅，杨伊 .MOOC 与翻转课堂：概念、基本特征及设计策略 [J]. 教育研究，2015，36（11）：82-90.

[2] 哈格德 .MOOC 正在成熟 [J]. 王保华，何欣蕾，译 . 教育研究，2014，35（5）：92-99，112.

[3] 吴春梅 . 试析互动模式在高中英语教学中的应用 [J]. 中小学课程辅导（教学研究），2013，7（26）：97.

[4] 左滢 .ACTIVE 教学模式在高中英语读写结合课中的实践研究：以 School life 教学为例 [J]. 英语教师，2017，17（4）：141-143+154.

[5] 张春艳 . 基于英语课程资源开发的网站推荐：科研类及国外免费资源 [J]. 电脑知识与技术，2018，14（5）：220-221.

[6] 岳明珠 . 新课程标准下中小学英语教学衔接的策略 [J]. 西部素质教育，2019，5（23）：247.

[7] 张莹凌 . 新课程教学中英语教师的角色转变 [J]. 黑龙江教育学院学报，2011，30（3）：55-57.

[8] 黄琼慧 . 商务英语语言学的理论体系研究 [J]. 开封教育学院学报，2016，36（2）：68-69.

[9] 翁凤翔 . 商务英语学科理论体系架构思考 [J]. 中国外语，2009，6（4）：12-17+30.

[10] 杨雪 . 浅谈英语教学中应用语言学的有效应用 [J]. 教育现代化，2018，5（11）：185-186.

[11] 张丽莹，于江 . 论《他们眼望上苍》中赫斯顿的"协合" [J]. 湖南医科大学学报（社会科学版），2008，10（6）：141-144.

[12] 许荣霞 . 基于英文歌曲的初一英语拓展性课程资源开发的探究 [J]. 英语教师，2018，18（11）：143-151.

[13] 郭巧棉 . 浅析皮革商贸英语翻译问题及翻译策略：评《国际商务合同的文体与

翻译》[J]. 皮革科学与工程，2020，30（1）：51.

[14] 王慧 . 基于职业岗位导向的高职英语教学改革研究 [J]. 轻纺工业与技术，2020，49（1）：183-184.

[15] 乐伟国 . 新课程教学素材与方略 中小学英语 [M]. 宁波：宁波出版社，2006.

[16] 程可拉，邓妍妍，晋学军 . 中小学英语新课程教学论 [M]. 广州：广东高等教育出版社，2007.

[17] 张红玲 . 跨文化外语教学 [M]. 上海：上海外语教育出版社，2007.

[18] 吴为善，严慧仙 . 跨文化交际概论 [M]. 北京：商务印书馆，2008.

[19] 姚丽，姚烨 . 英汉文化差异下的英语教学探究 [M]. 北京：中国书籍出版社，2014.

[20] 王佐良 . 翻译：思考与试笔 [M]. 北京：外语教学与研究出版社，1989.